rowohlt

Wolf Schneider

Speak German!

Warum Deutsch
manchmal besser ist

Rowohlt

7. Auflage September 2008
Copyright © 2008 by Rowohlt Verlag GmbH,
Reinbek bei Hamburg
Alle Rechte vorbehalten
Lektorat Frank Strickstrock
Satz aus der Plantin und Frutiger PostScript PageOne
von Dörlemann Satz, Lemförde
Druck und Bindung CPI – Clausen & Bosse, Leck
Printed in Germany
ISBN 978 3 498 06393 1

Inhalt

WORUM GEHT ES?

1
Augenmaß schadet nicht

Gibt es noch ein paar *lover* für die deutsche Sprache? Leute, die meinen, die Deutsche Bahn hätte nicht dringend den *Service Point* erfinden, eine deutsche Firma ihre Mitarbeiter nicht unbedingt mit einer *Think Vantage Configuration Utility* verwöhnen müssen?

Rund 60 Prozent der Deutschen können gar nicht Englisch. *Underdog* – ist das nicht ein Unterrock? So jedenfalls eine typische Antwort auf eine repräsentative Umfrage. *Drop-out*? Wahrscheinlich ein Bonbonautomat; das *Patchwork* aber kann nur eine Fliegenklatsche sein. Von den anderen 40 Prozent bringen es die meisten über ein gestammeltes Schul-, Disco- und Touristen-Englisch nicht hinaus; und unter den allenfalls 10 Prozent der Deutschen, die sich mit ihrem Englisch hören lassen können, geht der modische Anglo-Firlefanz vielen auf die Nerven.

Warum hören wir seit 2003 «SAT 1 zeigt's allen»? Weil der Sender schmerzlich erfahren hatte: Sein langjähriger Werbespruch *Powered by Emotion* war von 67 Prozent der Deutschen unter 50 nicht oder aufs Lächerlichste missverstanden worden («Kraft durch Freude», zum Beispiel). Das Unternehmen hatte, von Anglomanie besessen und folglich ohne Augen für die Wirklichkeit, sein Geld zum Fenster hinausgeworfen.

Also weg mit allem, was wir aus dem Englischen übernommen haben? Um Gottes willen – nein! Jede Deutschtümelei, jede Hexenjagd auf Anglizismen wäre weltfremd, hinterwäldlerisch und einfach albern. Es geht nur darum, sich zwei schlichten Wahrheiten zu öffnen.

Zum Ersten: Kein Wort ist deshalb *schlecht*, weil es aus einer anderen Sprache stammt. Die Wörter Fenster, Balkon und Schokolade haben wir aus Rom, Paris und Mexiko importiert, und um nichts wären sie uns willkommener, wenn wir sie von den alten Germanen geerbt hätten. Zum Zweiten: Auch *gut* ist ein Wort nicht schon deshalb, weil wir es aus dem Englischen übernommen haben. Dieser zweiten Wahrheit aber bläst in Deutschland der Wind ins Gesicht.

Wie also wäre es, wenn wir uns aufrafften abzuwägen, zu unterscheiden zwischen schönen, praktischen Importen, vor allem den knackigen Einsilbern wie Job, Start, Team, Sex – und solchen, die ein pseudo-kosmopolitisches Imponiergefasel sind? Welchen Vorteil bringt das *Human Resources Department*, das in vielen deutschen Unternehmen die Personalabteilung abgelöst hat? Warum muss die Deutsche Post einen *Content Management Code System Administrator* haben? Manchmal könnte man doch einfach übersetzen – Luther hat damit die deutsche Hochsprache geschaffen. Geniestreiche der Übersetzungskunst finden sich selbst im Computerjargon: «Maus» schreiben wir, obwohl es *mouse* heißen könnte; und sogar für «Das Walking ist des Müllers Lust» hält der Autor einen Übersetzungsvorschlag parat.

Warum haben die Deutschen sich der amerikanischen Invasion so viel bereitwilliger geöffnet als Franzosen, Spanier, Italiener? Natürlich, weil wir unter dem Desaster der Nazijahre litten. Aber auch, weil es noch nie deutscher Stil war, auf die Muttersprache stolz zu sein, wie es für die Franzosen selbstverständlich ist. Und nicht zuletzt, weil Manager, Modemacher, Werbetexter, weil viele Wissenschaftler, Politiker und Journalisten im exotischen Wortschwall aus New York und Kalifornien die Chance sehen, Weltläufigkeit zu demonstrieren und die simpelsten Aussagen mit einschüchterndem Englisch zu verbrämen.

Damit schädigen sie den Wirtschaftsstandort Deutschland (Kapitel 11) und die deutsche Wissenschaft (Kapitel 14), und auf internationalen Konferenzen machen sie sich durch die Verweigerung ihrer Muttersprache nicht selten lächerlich. Verzagtheit und Verklemmung, Anbiederung und Selbstverleugnung sind ihre Markenzeichen, bis hin zur traurigen Rolle des Goethe-Instituts, die in Kapitel 17 gewürdigt wird.

Schön und gut – nur: Wäre es nicht ein Kampf gegen Windmühlenflügel, die Anglizismen anzugreifen, wenn auch nur die albernen, hässlichen, unverstandenen unter ihnen? Ist es nicht ganz natürlich, dass die Sprache sich entwickelt? Nein, sie entwickelt «sich» nicht, Kapitel 5 wird es demonstrieren. Und viele Windmühlen erweisen sich bei näherem Hinsehen als bloße Vogelscheuchen. Übersetzen war immer erlaubt, die Deutschen sind sogar Weltmeister darin, und welch schöne Erfolge sich damit erzielen lassen, ist in Kapitel 19 nachzulesen: Oder wer wollte noch *Excursion* zum Ausflug oder *Säculum* zum Jahrhundert sagen? Was wir brauchen, ist nur dreierlei: ein Quantum Lernbereitschaft, ein bisschen Phantasie und ein gutes Gewissen.

Der hatte keins von dreien, der 2007 in der *Süddeutschen Zeitung* schrieb: «Die Kampagnen für die Reinheit der Sprache sind weitaus weniger Zeichen einer besonderen Liebe zum schönen und passenden Ausdruck als vielmehr Spielfelder eines nationalen, globalisierungsfeindlichen Ressentiments.» Das war ein guter Satz – insofern, als er ausreichte, um dem Autor dieses Buches den Anstoß zur Widerlegung des Satzes durch dieses Buch zu geben.

Sortieren, Gentlemen! Den schönen, den nützlichen, den vielleicht unvermeidlichen Import von dem fremdländischen Unsinn scheiden, der in schlimmen Mengen auf uns herniederregnet oder gar in deutschen Büros ertüftelt wird. Auch die Chance erkennen: Klare deutsche Wörter haben meist die Kraft auf ihrer Seite, und bald käme der Überraschungseffekt hinzu. Wer zu oft mit *Popcorn* und *Vanilla Fudge* gefüttert worden ist, bekommt schließlich Appetit auf Vollkornbrot. Write German! Nothing beats it.

Einen Trost haben wir ja: In ihrer Eigenschaft als Reiseweltmeister ist es den Deutschen gelungen, in aller Welt die Zahl der Kellner zu erhöhen, die des Deutschen radebrechend mächtig sind.

2
Ist Englisch nicht eine wunderbare Sprache?

Ja, es ist eine wunderbare Sprache: Auf der untersten Ebene wunderbar einfach, auf allen Ebenen oft von großartiger Kürze und Kraft – und noch dazu fast auf der ganzen Welt verstanden. Jeder dieser drei Vorzüge spricht dafür, Englisch zu lernen; eine Sprache mit allen drei Meriten gab es noch nie.

WUNDERBAR EINFACH: In keiner anderen Kultursprache wird *so wenig* konjugiert und dekliniert – in keiner anderen muss man also beim Sprechen *so selten* daran denken, ob nicht hier ein **s** anzuhängen ist wie im Französischen oder ein **n** wie im Deutschen so oft. Die deutsche Endung **n** ist allein schon imstande, Ausländer zum Stöhnen zu bringen: englisch nice children, the nice children, to the nice children – deutsch nette Kinder, die netten Kinder, den netten Kindern.

Und die Mehrzahl! Die englische endet auf **s**, mit kaum einem Dutzend Ausnahmen (men, women, children, oxen, geese, mice, teeth) – der Deutsch Sprechende muss sich im Sprechen zwischen elf Standardformen entscheiden: unverändert (die Schüler), mit Umlaut (Väter), mit e (Schafe), mit e und Umlaut (Nächte), mit n (Klammern), mit en (Betten), mit ten (Bauten), mit er (Bilder), mit er und Umlaut (Bücher), mit Verdoppelung des Auslautkonsonanten (Bildnisse) und mit s (Autos). Das alles ist Standard, dann erst beginnen die Ausnahmen (Atlanten, Textilien, Schemata, Soli).

Und *the*, der eine Artikel, Trefferchance 100 Prozent! In den romanischen Sprachen liegt sie bei 50, im Deutschen bei 33 Prozent, und nie wird man einem Ausländer erklären können, warum es *das* Weib heißt und *der* Löwe, *die* Giraffe, *das* Nashorn, obwohl sie doch dieselben zwei Geschlechter haben.

GROSSARTIG AN KÜRZE UND KRAFT – und da, bei ihren einsilbigen Wörtern, haben wir uns zu Recht am kräftigsten bedient: in der Bar, mit Drops, am Grill, mit fair, Fan, fit, Flirt, Flop, Hit, Job, Lift, Sex, Sport, Spurt, Star, Start, Steak, Stop, Team, Test, Tip, Toast, Trip, Trick; bei manchen Zweisilbern ebenfalls: clever, Hobby, Party, Training.

Auch der englische Satzbau kann von einer schlanken Eleganz sein, der das Deutsche oft nur schwer zu folgen vermag: «It's always with the best intentions that the worst work is done», sagt Oscar Wilde – «Es sind immer die besten Absichten, aus denen die schlechteste Arbeit folgt», das geht ja noch; aber dem gloriosen Buchtitel «Fifty famous English Poets *we could do without*» können wir nur hinterherhecheln: «... ohne die wir leicht auskommen könnten».

Den Höhepunkt an geballter Ausdruckskraft erreicht das Englische, wo es zwei einsilbige Wörter zu einem ganzen Kosmos verbindet: *Jet-set*, das ist nach Duden jene Schicht der internationalen Gesellschaft, «die über genügend Geld verfügt, um sich häufig an exklusiven Urlaubsorten oder anderen Treffpunkten, die in Mode sind, zu vergnügen». Zwei deutsche Silben zu finden, die dasselbe ausdrücken, ist hoffnungslos.

Beim *Jet-lag* ähnlich: Laut Brockhaus benennt er eine «Störung des biologischen Rhythmus von Körperfunktionen auf Grund der mit weiten Flugreisen verbundenen Zeitunterschiede». Und der *Brain-drain*: die Abwanderung von Wissenschaftlern und anderen hochqualifizierten Arbeitskräften ins Ausland, wodurch dem Abwanderungsland gerade die besonders wertvollen Arbeitskräfte verloren gehen. Und der *Womb-broom*; eine gelungene, wenn auch moralisch bedenkliche Metapher für den Schnurrbart (zum Selbstnachschlagen auf eigene Gefahr).

Kann man eine Kriegshandlung in sechs Buchstaben beschreiben? Auf Englisch ja: Als im Falkland-Krieg von 1982 die lang erwartete britische Invasion begann, füllte die Londoner Boulevardzeitung *The Sun* ihre Titelseite mit den sechs Lettern: *In we go.* Und mit genau vier Buchstaben teilte Hillary Clinton im Januar 2007 den Amerikanern mit, dass sie sich um die Präsidentschaftskandidatur bewerbe: *I'm in.*

Ja, Englisch ist eine großartige Sprache. Sie zu beherrschen bringt Gewinn für jeden, der eine große Kultur kennenlernen – und sich über sein Heimatdorf erheben möchte.

3
Deutsch aber auch!

Deutsch ist eine der tiefsten, ausdrucksstärksten Sprachen auf Erden. Deutsch ist die Sprache des Protestantismus, des Marxismus und der Psychoanalyse. Im 19. Jahrhundert war es die Weltsprache der Philosophie und der Naturwissenschaften. Es ist die meistgesprochene Sprache der Europäischen Union und immer noch das Esperanto Osteuropas. Im Weltmaßstab nimmt Deutsch folgende Ränge ein:

Vierter Platz nach der Zahl der Ausländer, die es als Fremdsprache erlernen – nächst Englisch, Spanisch und neuerdings Chinesisch. Interessant aber, wer *nicht* zu den großen Vier gehört: nicht Französisch, nicht Russisch, nicht Arabisch, nicht Japanisch. Und dabei betreiben die Franzosen eine aggressive Politik der Sprachverbreitung, die einem guten Deutschen das gehätschelte schlechte Gewissen schier zerreißen müsste.

Dritter Platz unter den Sprachen, *aus denen* am meisten in andere Sprachen übersetzt wird, nächst Englisch und Französisch. *Zweitgrößter* Buchmarkt der Erde.

Einsam auf dem Siegerpodest aber steht das Deutsche unter den Sprachen, *in die* übersetzt wird: Seit 200 Jahren – und nach der Unesco-Statistik noch heute – ist Deutsch das Sammelbecken, das Esperanto der Weltliteratur (mehr am Schluss des Kapitels).

Kurz: Deutsch ist *natürlich* eine Weltsprache. Aber als ich diese Binsenweisheit 1986 dem überwiegend akademisch gebildeten Nachwuchs an der Hamburger Journalistenschule vortrug, wurde ich ausgelacht und niedergeschrien: Deutsch *sollte* keine Weltsprache sein! Sie wollten es nicht, sie ertrugen es nicht. Und noch heute kann man hochgelehrten Germanisten begegnen, die das ebenfalls nicht hören wollen: Darf denn das sein? Und wenn es so wäre: Muss man es unbedingt so sagen?

Das ist in der Nussschale ein Stück jener Gesinnung, die auch hinter der verbreiteten Affenliebe zu allen Anglizismen steht: Sind wir nicht großartig, wenn wir das Mögliche tun, den Zweiten Weltkrieg auch mehr als sechzig Jahre danach wenigstens sprachlich Tag für Tag aufs Neue zu verlieren? Hat Winston Churchill doch gesagt: «Wenn man die Deutschen nicht an der Kehle hat, hat man sie an den Füßen» – und fühlen wir uns dort nicht ziemlich wohl?

Niemand bestreitet, dass Deutsch schwerer zu erlernen ist als viele andere Sprachen; auch nicht, dass einerseits die Syntax, andrerseits eine professorale Tradition den Bau von Schachtelsätzen begünstigten, die Deutsch lernende Ausländer zur Verzweiflung und Simultandolmetscher in die Panik treiben.

Aber was steht nicht alles auf der Haben-Seite! Zwei der berühmtesten Schriftsteller des 20. Jahrhunderts, Thomas Mann und Franz Kafka, haben Deutsch geschrieben, und der Kreis ist sehr klein. Jonathan Franzen, das Wunderkind der zeitgenössischen amerikanischen Literatur, studierte in München Literaturgeschichte. «Meine Liebe zur Literatur habe ich durch die deutsche Sprache entdeckt», schreibt er – «das Deutsch von Goethe, Kafka, Rilke und Karl Kraus. Oft habe ich, wenn ich an einem Roman schrieb, einzelne Sätze ins Deutsche übertragen, um ihren Klang zu hören.»

Der große Argentinier Jorge Luis Borges lernte Deutsch,

um Schopenhauer im Original zu lesen, und schrieb im Alter eine «Ode an die deutsche Sprache»:

> Die spanische Sprache war mein Schicksal.
> Dich aber, süße Sprache Deutschlands,
> Dich habe ich erwählt und gesucht.
> In Nachtwachen und mit Grammatiken
> Aus dem Dschungel der Deklinationen,
> Das Wörterbuch zur Hand.
> Heine gab mir seine Nachtigallenpracht,
> Goethe die Schickung einer späten Liebe,
> Gelassen sowohl wie bereichernd.
> Du, Sprache Deutschlands, bist Dein Hauptwerk.
> Die verschränkte Liebe der Wortverbindungen,
> Die offenen Vokale, die Klänge,
> Angemessen dem griechischen Hexameter,
> Und Deine Wald- und Nachtgeräusche.
> Dich besaß ich einmal.
> Heute, am Saum der müden Jahre
> Gewahre ich Dich in der Ferne.
> Unscharf wie die Algebra und den Mond!

Die Wald- und Nachtgeräusche, an denen das Deutsche so reich ist: all das Wispern, Raunen, Hauchen, Säuseln, Murmeln, Rascheln, Rauschen, Sirren, Summen, Rieseln. Der jüdisch-holländische Schriftsteller Leon de Winter sagt, Deutsch zu sprechen bereite ihm körperliche Lust; zumal das deutsche *sch* sei «eine wunderbare Erfahrung». Ein in Deutschland lebender spanischer Journalist schrieb in der *Süddeutschen Zeitung*, um den weichen Wohlklang des Wortes *schmusen* beneide er die deutsche Sprache. Elias Canetti erschrieb sich auf Deutsch 1981 den Nobelpreis für Literatur – als Sohn spanisch-jüdischer Eltern in Bulgarien aufgewachsen, nur 24 Jahre im deutschen

Sprachraum lebend und dann mehr als ein halbes Jahrhundert in England zu Hause.

Georges-Arthur Goldschmidt, französischer Schriftsteller deutscher Herkunft, rühmte 1991 an der deutschen Sprache «die Leiblichkeit, das räumliche Empfinden: *be-greifen, auf-fassen, aus-drücken, wahr-nehmen*», und dazu «diese erstaunlichen Wortkompositionen, die es nur im Deutschen gibt», wie den *Weltschmerz* und die *Schadenfreude*. Im Deutschen könnte jeder sich die Wörter zusammensetzen, die er brauche. Sogar den *Mülleimer* lobt Goldschmidt: Aus zwei alltäglichen, anschaulichen deutschen Wörtern sei ein drittes entstanden, «und das kippt einem den Mist vor die Füße», anders als das sprachlich isolierte französische *poubelle*. (Mehr über Goldschmidts Analyse auf Seite 100.)

Schadenfreude – eine der international berühmten Wortkopplungen, die zur besonderen Biegsamkeit des Deutschen gehören – ist mit *malicious joy* und *joie maligne* nur halb übersetzt: Das Boshafte dieser Freude ist ausgedrückt, nicht aber ihre Ursache, nämlich dass es sich um das Vergnügen am Schaden eines anderen handelt. Vier Silben – und so viel Substanz!

Zum einen sind die deutschen Zusammensetzungen einfach praktisch: «Machtwort» statt im Französischen *parole energique*, «Tierschutzverein» statt auf Englisch *society for prevention of cruelty to animals*, «Geisterfahrer» statt auf Spanisch *conductor que circula en sentido contrario*. Zum Zweiten haben sie oft eine besondere Kraft – wie das *Schandmaul*, aus dem man das Böse spritzen hört, oder der *Nervenkitzel*, der ungleich anschaulicher ist als der englische *thrill*: die *Naschkatze*, die *Zwangsvorstellung*, der *Schmollmund*, die *Torschlusspanik*. Vor allem aber geben die Doppelwörter uns die Chance, Schwebezustände und Mischgefühle zu benennen, vor denen die meisten Sprachen kapitulieren: die *Hassliebe* beispielsweise oder den *Weltschmerz*, die äußerste Empfindsamkeit, die Wundheit der Seele.

Dass da auch manches Kuriosum mitläuft, müssen wir in Kauf nehmen: der *Tomatensaft* ist aus Tomaten – woraus ist der Hustensaft? Der *Schoßhund* sitzt auf dem Schoß, der Schäferhund nicht auf dem Schäfer. Und die *Denkpause*: Ist sie eine Pause *zum Denken*, wie die Atempause eine Pause zum Atmen ist – oder *vom Denken*, wie die Arbeitspause eine Pause von der Arbeit ist? Beides, sagt der Duden.

Dass die deutsche Sprache auch schlank, blühend und melodisch sein kann, ist wohl das, was ihre Kritiker, ja selbst ihre Freunde ihr am seltensten zutrauen. Tausend Gegenbeispiele liefert die Lyrik – das schönste vielleicht die letzten Verse von Goethes Ballade vom Fischer: dem Märchen von der Seejungfrau, die den schmucken Angler verführt, zu ihr auf den Grund des Sees hinabzutauchen; in den meisten Germanistikseminaren auf Erden wird es durchgenommen:

> Sie sprach zu ihm, sie sang zu ihm,
> Da war's um ihn geschehn;
> Halb zog sie ihn, halb sank er hin
> Und ward nicht mehr gesehn.

«Wir haben eine der wunderbarsten, schönsten, gebildetsten Sprachen der Welt», sagt der Schweizer Schriftsteller und Literaturwissenschaftler Adolf Muschg, «und wir machen keinen Gebrauch davon. Das ist eine Ressourcenverschwendung, die sich keine Kultur leisten kann.»

Lob deutscher Kürze

Ja, englische Texte sind meist kürzer als ihre deutsche Entsprechung. Das liegt zum Teil an der höheren Silbenzahl deutscher Wörter, teils an dem größeren Buchstabenaufwand (bei jedem *sch* zum Beispiel), oder an beidem zusammen: Schreibtisch statt *desk*, 12 Buchstaben statt 4.

Kurze, kraftvolle Wörter aber kennt das Deutsche auch, und am kürzesten sind gerade die, die am meisten mit Gefühlen aufgeladen sind: Angst, Blut, Gier und Glück zum Beispiel, Gram, Hass, Hohn, Leid, Lust, Mord, Mut, Neid, Pein und Qual, auch Scham, Schmach, Schmerz, Schrei, Spott, Tod, Trost, Trotz, die Wut und der Zorn.

Selten beredet wird der Umstand, dass viele deutsche Wörter nicht nur kurz sind, sondern sogar kürzer, oft auch saftiger als ihr englisches Gegenstück. Unsere Anglizismen mit der überlegenen Kürze des englischen Wortes zu begründen, ist weithin falsch.

DEUTSCHE EINSILBER	ENGLISCHE ZWEISILBER
Rat	advice
Mord	murder
Geld	money
nichts	nothing
Mut	courage
weil	because
Front	frontline
Berg	mountain

DEUTSCHE EINSILBER	ENGLISCHE DREI- und VIERSILBER
Feind	enemy
echt	genuine
Trotz	defiance
Dom	cathedral

Glück	happiness
trotz	in spite of
vor	in front of
Schutz	protection
Trost	consolation

DEUTSCHE ZWEISILBER	ENGLISCHE VIER- und FÜNFSILBER
Neugier	curiosity
Mangel	deficiency
erblich	hereditary
alles	everything
Technik	technology
Zufall	coincidence
bequem	comfortable
Beitrag	contribution
Umwelt	environment
Nachteil	disadvantage
peinlich	embarrassing
Deutung	interpretation
Bahnhof	railway station
Fluchtpunkt	vanishing point
Farbschutz	color protection
Trödler	second-hand dealer

DEUTSCHE DREISILBER	ENGLISCHE FÜNF- bis ACHTSILBER
Jahrestag	anniversary
irrtümlich	erroneously
vielsilbig	polysyllabic
Erwägung	consideration
Aufseher	superintendent
Notausgang	emergency exit
Staubsauger	vacuum cleaner
Verarmung	impoverishment
Kundendienst	after-sales service

vorgestern	the day before yesterday
Umweltschutz	environmental protection

Gerade plastische und literarisch beliebte englische Wörter
haben nicht selten viele Silben:

niminy-piminiess	Zimperlichkeit,
	das Etepetete-Sein
discombombulate	durcheinanderbringen
rejuvenescence	Verjüngung
circumlocution	Weitschweifigkeit,
	Herumrederei
tatterdemalion	zerlumpt
rambanctious	wild, lärmend
flabbergasted	verwirrt, verblüfft
preposterous	absurd
highfaluting	hochtrabend
curmudgeon	Griesgram, Geizhals
exuberance	Überschwang
conundrum	Rätsel, Scherzfrage
cornucopia	Füllhorn, Fülle, Überfluss

107 deutsche Wörter in Amerika

fett: Wörter, die in den USA weit verbreitet sind
VERSALIEN: Wörter, die öfter mal in der Zeitung stehen
(D): Wörter, die vor allem in Bezug auf Deutschland verwendet werden
Die übrigen Wörter sind nicht populär, aber in Politik, Wissenschaft, Technik, Literatur oder Kunst geläufig.

ablaut	AUTOBAHN **(D)**
to abseil (Bergsteigen)	bildungsbürger
angst (1), angst-ridden	BLITZ, blitzkrieg **(D)**
AUF WIEDERSEHEN!	BRATWURST **(1)**

ding an sich

doppelgänger

dummkopf

entscheidungsproblem (2)

ersatz (3)

exportmeister (**D**)

FAHRVERGNÜGEN (1, 4)

faulpelz (5)

fernweh

fest

fingerspitzengefühl (5)

fräulein (**D**)

gemeinwohl

gemütlichkeit

gesamtkonzept (1)

gesamtkunstwerk

GESUNDHEIT! (1)

GLOCKENSPIEL

götterdämmerung

gründerzeit

hassliebe

hausfrau

heiligenschein (1)

heldentenor

HINTERLAND (1)

KAFFEEKLATSCH

kammersänger

kaputt, kaput (1)

katzenjammer

kindergarten

kitsch (1), überkitsch

kulturkampf

kummerbund

lebensraum

leberwurst

lederhosen (**D**)

leitmotiv (1)

LIED

liederkranz

luftballon (1)

lumpenproletariat

meister

mensch (1)

mischling

ostpolitik (**D**)

panzer (**D**)

POLTERGEIST

putsch

quatsch

ratskeller (**D**)

REALPOLITIK (1)

rechtsstaat

reinheitsgebot (**D**)

rucksack (1)

sackgasse

sauerkraut

SCHADENFREUDE (1, 5)

schnapps, schnaps

schnitzel

schweinehund

spiel (1)

sprachvergnügen (4)

stein (Steinkrug)

strudel

sturm und drang (1)

torschlusspanik

überboomer (6)

übercool (1)

überlebenskampf

umlaut

ursprache (1)

urtext

verboten	weltpolitik
volkscomputer (7)	weltschmerz (1)
volkslied	wiedervereinigung (**D**)
Volkswagen (**D**, 1)	wirtschaft (1)
wahlverwandtschaft	WUNDERBAR (1)
waldeinsamkeit	WUNDERKIND (1)
waldsterben	**wurst**
WANDERJAHRE	to yodel
WANDERLUST (1)	zechpreller
weltanschauung	ZEITGEIST (1, 5)
weltgeist	zeitnot
weltliteratur	zeppelin (**D**)
weltmeister (1)	zollvervein

(1) Eines der 27 Wörter, die DAN HAMILTON, Professor für Internationale Beziehungen an der Johns-Hopkins-Universität, am 7. 6. 2006 im *San Francisco Chronicle* verwendet hat, um die Verbreitung des Deutschen in den USA zu illustrieren. «Während oft über zu viel Spanisch geklagt wird, ist Deutsch zum Alltags-Englisch geworden», schreibt er, und seinen Landsleuten erklärt er: «Deutsch ist im Wesentlichen eine Lego-Sprache. Man nehme einfach zwei Wortklötze wie *Welt* und *Schmerz*, verhake sie – und der ‹Weltschmerz› ist geboren.» (Auf 19 seiner 27 Wörter trifft dies zu.)

(2) «On Computational Numbers, with an Application to the Entscheidungsproblem» nannte Alan Turing, der später weltberühmte Wegbereiter des Computers, eine Arbeit von 1937.

(3) **ersatz** ist eines der populärsten deutschen Wörter in Amerika: «ersatz candidates», «ersatz parents».

(4) Mit FAHRVERGNÜGEN wirbt VW seit 1990 in den USA. Es wird inzwischen oft auf alle deutschen Autos angewandt und positiv verstanden. Das Nachrichtenmagazin *Time* leitete schon 1990 daraus das Wort SPRACHVERGNÜGEN ab – und hieß die deutsche Spra-

che, nach fast einem halben Jahrhundert des Misstrauens, unter den Weltsprachen wieder willkommen. Rund ein Viertel der häufigsten Wörter beider Sprachen seien hörbar verwandt, schrieb *Time*, etliche sogar identisch (Arm, Winter, Person).

(5) Eines der vier deutschen Wörter (Faulpelz, Fingerspitzengefühl, Schadenfreude, Zeitgeist), die William Safire, langjähriger Sprachkolumnist der *New York Times*, ausdrücklich zur Aufnahme ins Englische empfohlen hat, weil sie «Löcher im Wortschatz» füllten.

(6) «überboomer Hillary Clinton» schrieb die *New York Times* am 5. Februar 2007 spöttisch in einem Kommentar zum beginnenden Präsidentschaftswahlkampf.

(7) *Time* forderte 1996 einen billigen «Volkscomputer» – 15 Jahre nachdem IBM den *personal computer* auf den Markt geworfen hatte.

Eine Liste von 210 deutschen Wörtern hat der englische Historiker Bryan Ward-Perkins in sein Buch «The Fall of Rome and the End of Civilization» aufgenommen (Oxford University Press 2005). Sie stehen unter der auf Deutsch zitierten Überschrift «Für den Niedergang des Römerreichs sind bisher die folgenden 210 Faktoren herangezogen worden», zusammengestellt von dem deutschen Historiker Alexander Demandt – von *Aberglaube* bis *Zweifrontenkrieg*.

Ward-Perkins lobt besonders die Begriffe *Hunnensturm*, *Hybris*, *Imperialismus* und *Impotenz*: Sie klängen besser und sicher «unheilvoller» (more portentous) als die englischen. Dem deutschen Leser der Liste fallen auch kraftvolle Prägungen auf wie *Duckmäuserei*, *Lebensüberdruss*, *Rentnergesinnung*, *Staatsverdrossenheit*, *Treibhauskultur* oder *Verpöbelung*. Würde Ward-Perkins sich getraut haben, 210 Wörter aus irgendeiner anderen Fremdsprache als der deutschen in sein Buch aufzunehmen?

Deutsche Exporte in andere Sprachen

Das FRANZÖSISCHE hat etliche der deutschen Exportschlager übernommen: ersatz, hinterland, leitmotiv, lied, realpolitik, waldsterben. Das Wort *Kaputt!* stand 1986 in sechs Zentimeter hohen Lettern über der Zeitung *Le Matin*, als Deutschland Frankreich mit 2 : 0 aus der Fußballweltmeisterschaft geworfen hatte.

Das RUSSISCHE hat viele deutsche Wörter importiert, darunter buterbrod, briderschaft, schlafmits, zeitnot, fliegeladjutant, landsknechty.

Im JAPANISCHEN gibt es unter anderen den Rucksack (*ryukkusakku*), den Humor (*humoru*), die Arbeit, die Berufsarbeit (arubei) und den Orgasmus (*orugasumusu*).

Das Zentralarchiv der Weltliteratur?

1778 publizierte Johann Gottfried Herder die «Stimmen der Völker in Liedern», von ihm selbst aus vielen Sprachen übersetzt, mit Beiträgen sogar aus Grönland und Peru. Damit hatte Herder die Tradition begründet, die deutsche Sprache zum Sammelbecken der Weltliteratur zu machen.

1797 begann August Wilhelm Schlegel mit der Verdeutschung aller Dramen Shakespeares – «eine der besten Übersetzungen in irgendeine Sprache, die es je gegeben hat», schreibt die *Encyclopaedia Britannica*. Sogar für die Engländer war sie ein Anstoß, den lange vernachlässigten Dichter wieder auf den Thron zu heben.

1808 veröffentlichte Friedrich Schlegel (August Wilhelms jüngerer Bruder) sein Monumentalwerk «Über die Sprache und Weisheit der Indier», mit dem er dem Abendland das altindische Sanskrit erschloss.

1818 begann Friedrich Rückert mit einer kaum überschaubaren Fülle von Übersetzungen und Nachdichtungen persischer und arabischer Gedichte, Sagen und Märchen.

Die Lust am Übersetzen ist den Deutschen treu geblieben: Nach der Statistik der Unesco wird in keine andere Sprache so viel übersetzt wie in die deutsche – mehr als ins Spanische und Französische, mehr als doppelt so viel wie ins Englische.

So lässt sich nüchtern feststellen: Wer das Universum der Bücher aller Völker in einer einzigen Sprache durchstreifen will, der kommt dabei mit Deutsch am weitesten.

4
Warum soll man sie nicht mischen?

Ist nicht das Englische seinerseits eine Mischsprache ersten Ranges? Rein germanisch bis zur Eroberung durch die Normannen im Jahre 1066, dann vom Französischen gegängelt bei Hofe, in der Kirche, in der Justiz und an den Universitäten. Erst im 15. Jahrhundert waren die beiden Sprachen halbwegs verschmolzen – aber bis ins 19. Jahrhundert wurden die Anleihen aus dem Französischen oft als *inkhorn terms* verspottet, bloßes Schrift-Englisch, Wörter aus dem Tintenfass.

Von der Vermischung zurückgeblieben ist bis heute eine häufige Einbuße an Anschaulichkeit, die Zerstörung der *etymologischen Kohärenz*: Eng verwandte Wörter, die auf Deutsch ihre Verbindung signalisieren, zeigen sie auf Englisch nicht. Bei uns folgt aus dem Lachen das Adjektiv lächerlich – aus dem englischen *laugh* aber etwas optisch und akustisch völlig Fremdes, *ridiculous*. Ähnlich «Ehe» und «Ehebruch», englisch *marriage* und *adultery*; «sprechen» und «Aussprache», englisch *speak* und *pronunciation*.

Kurioserweise aber hören etliche englische Wörter sich noch heute wie deutsche an. Nicht nur haben die beiden Sprachen ein paar identische Vokabeln (*arm, hand, finger, winter, wind, person*) und andere, die wir mühelos wieder erkennen (*summer, blood, storm, line*) – Dutzende englische wörter beginnen auch mit demselben germanischen be-: *bespectacled* (bebrillt), *beleager* (belagern), *besmear* (beschmieren), *besprinkle* (besprengen), becalm, befoul, befuddle, bereave; und was heißt «unehelich» und «verkorkst»? *Misbegotten.*

Im Durchschnitt sind die Wörter germanischen Ur-
sprungs nicht nur populärer als die aus dem Französischen, sondern auch kürzer: *get* (bekommen) mehr als
receive, *delay* (Verzögerung) mehr als *procrastination*. Der
deutsche «Notausgang» wird im alten Englisch vermutlich
ähnlich geheißen haben wie heute in Norwegen (*nodut-
gang*), aber Adel und Geistlichkeit setzten den *emergency
exit* gegen ihn durch. Shakespeares populärster Satz beginnt: «To be or not to be ...» Und womit bewegte Winston Churchill die Gemüter am 13. Mai 1940, als Großbritannien allein gegen Hitler stand? Mit vier uralten
germanischen Einsilbern: Er habe nichts anzubieten als
blood, *toil*, *tears and sweat* («Blut, Schweiß und Tränen» haben wir daraus gemacht – *toil*, die Plage unterschlagen).

Alles in allem stehen englische Wörter uns näher als solche aus den romanischen Sprachen; dies wiederum mag
dazu beitragen, dass wir umgekehrt die Anglizismen leichter übernehmen als Spanier und Franzosen.

Aber Sprachen *mischen*? Das Englische ist gerade dafür
nicht ermutigend. Wer will schon 400 Jahre auf die allmäh-
liche Durchdringung und 800 Jahre auf die volle Gleichbe-
rechtigung zweier Sprachen warten? Ich denke mehr ans
21. Jahrhundert und wünsche mir, dass die Wirtschaft, die
Werbung, die Mode uns nicht mit überflüssigen Importen
überziehen – Wörtern, die zwei oder allen drei Forderungen widersprechen, wie sie Voltaire 1737 an Journalisten
richtete: «Verwendet nie ein neues Wort, wenn es nicht
drei Eigenschaften hat: Es muss notwendig, es muss verständlich und es muss wohlklingend sein.»

Aber ist die Mischung des Deutschen mit dem Englischen nicht wenigstens dort zu empfehlen, wo es sich um
weltweit tätige Konzerne handelt, um die Kommunikation

im Internet und alle Wörter rund um den Computer? Ja, Vorteile hat die Vermischung. Nachteile aber auch, und zwar mindestens drei.

Zum einen: Großenteils wird da, mutwillig oder mit bedingtem Vorsatz, die Ausschließung, ja die Einschüchterung der Nichteingeweihten betrieben, ähnlich wie bei der lateinisch-griechischen Fachsprache der Ärzte: Mit ihren Kollegen in Südkorea können sie sich vorzüglich verständigen – ihrem Patienten in Waldmichelbach aber verkaufen sie die bloße Nennung eines griechischen Namens gern so, als wäre sie schon die Therapie. Große deutsche Computerfirmen prüfen unterdessen, ob sie ihre englische Fachsprache nicht reduzieren sollten, weil sie abschreckend auf eine breite Schicht potenzieller Kunden wirkt: die über Sechzigjährigen (Kapitel 12).

Zum Zweiten: Die Vorherrschaft des Englischen setzt all die in Nachteil, die Englisch nicht als Muttersprache haben. Sie sind, was die Feinheiten der Kommunikation angeht, automatisch zweite Wahl. (Welch verhängnisvolle Rolle dieser Umstand in Wissenschaft und Wirtschaft spielt, wird uns in den Kapiteln 11 und 14 beschäftigen.)

Und die Vorteile – wie groß sind sie wirklich? Welcher Zacken bräche dem Computer-Nutzer aus der Krone, wenn er statt *World Wide Web* mal «Weltnetz» sagte? Welchen Aufwand müsste ein deutscher Korrespondent in Washington treiben, um statt *Central America* grundsätzlich «Mittelamerika» zu schreiben? Zehntausende von Dolmetschern beweisen, dass man sich in jeder von zwei Sprachen eindeutig und völlig unvermischt ausdrücken kann, und selbst Touristen haben kein Problem, «Wolkenkratzer» zu sagen, wenn sie in New York von *skyscrapers* umgeben sind.

Mühe haben auch Kinder nicht: Meine sechsjährige Enkelin spricht mit ihrer russischen Mutter nur Russisch, mit ihrem Vater nur Deutsch, schiebt niemals ein Wort von der einen Sprache in die andere und reagiert ungehalten, wenn ihre Eltern die klare Grenze scherzhaft aufweichen. Mühelos wächst sie dabei in zwei verschiedene Formen der Grammatik und Stilistik hinein. An welche Sprachkultur aber soll sich ein Kind gewöhnen, welches Sprachgefühl kann sich in ihm entwickeln, wenn es mit einem Mischmasch berieselt wird – nicht nur mit Wörtern, sondern auch mit schiefen Redensarten und schauderhaften Zwittern der Wortbildung wie *gecovered, recycelt, downgeloadet?* Das ist der dritte Nachteil und vielleicht der schlimmste.

Als im Juli 2007 in Deutschland die englische Ausgabe des letzten «Harry-Potter»-Bandes zu haben war, die deutsche aber noch nicht, griffen Tausende von Deutschen schon zu. Die *Deutsche Welle* (eine «Bundesanstalt», die in 30 Sprachen sendet) verbreitete diese Nachricht korrekt – und hängte den Kommentar an: Das sei eine Blamage «für alle Puristen, die die deutsche Sprache schützen wollen»; sie sähen ein, dass es töricht gewesen wäre, die englische Version den vielen deutschen Interessenten vorzuenthalten. Was für ein Unsinn! Viele Deutsche können Englisch – wie schön! Only to mixen die Sprachen ist die nonsense, und das Anliegen dieses Buches ist allein, jede Sprache zu würdigen, indem man sie für sich selber gelten lässt.

Auch große Schriftsteller hatten noch nie Mühe damit – immer haben sie die Grenzen scharf gezogen. Joseph Conrad war polnisch, russisch, französisch aufgewachsen, lernte erst mit 19 Jahren Englisch und wurde ein großer Romancier in unverfälschter englischer Sprache. Franz

Kafka schrieb kristallklares Deutsch, obwohl er in einem jiddisch-tschechischen Umfeld lebte. Thomas Mann wahrte während seiner zehn Jahre in Amerika «die aktive Treue zur deutschen Sprache, dieser unverlierbaren Heimat, die ich mit mir ins Exil genommen ... Im Gegenteil wurde mein Tun mehr und mehr zur versuchenden Lust, alle Register des herrlichen Orgelwerks unserer Sprache zu ziehen, zu einem Bestreben nach Vorwärtstreibung deutscher Sprachzustände und Ausdrucksmöglichkeiten.» Er sagte das 1949 in Frankfurt. Carl Zuckmayer hatte ihm 1945 zum 70. Geburtstag das Gedicht gewidmet:

> Jeder denkt, sein Englisch wäre gut,
> Wenn er nur den Mund verstellen tut.
> Jeder hört so gern die Komplimente,
> Dass man es ja gar nicht glauben könnte:
> Die Geläufigkeit in so kurzer Zeit
> Und fast frei vom störenden Akzente!
> Aber ach, in Deiner stillen Kammer
> Spürest Du der Sprachverbannung Jammer,
> Krampfhaft suchend die korrekte Wendung
> Für «Beseeltheit» und «Gefühlsverblendung» ...

Weint nicht die Unesco alljährlich jenen Sprachen nach, die unter dem Anprall der Weltsprachen ihren Geist aufgeben, zumal in der Dritten Welt? Und das Deutsche wachzuhalten sollte sich nicht lohnen? Leute, lernt Englisch! Und dann trennt die beiden großen Sprachen so sauber, wie jeder Schriftsteller, jeder Dolmetscher, jedes Kind es kann.

5
«Aber die Sprache entwickelt sich doch!»

Das klingt gut, man hört es oft, zumal als Einwand gegen jeden Versuch, sterbende Feinheiten der Sprache zu retten. «Leute, die das Deutsche unter eine Glasglocke stellen wollen, haben wenig Ahnung von der Lebendigkeit einer Sprache, die für sich selber sorgt» – das sagte 2007 der Präsident der Deutschen Akademie für Sprache und Dichtung, der Anglist Prof. Klaus Reichert. Für sich selber sorgt?

Eben dies tut sie nicht. Dass sie für sich selber sorge, dass sie «sich» entwickle, müsste uns schon von der Logik her stutzig machen: Wie soll denn ein Medium namens «Sprache» beschaffen sein, das einer Entwicklung unterläge, die kein Sprecher steuern kann?

Und wie sie alle steuern! Die hundert Millionen Menschen deutscher Muttersprache mit allem, was sie sagen oder nicht sagen, schreiben oder nicht schreiben. Erst recht die Dichter, früher die Pfarrer und die Mönche, heute Lehrer, Journalisten, Werbetexter, Popstars, Soziologen und die Dampfplauderer auf dem Fernsehschirm. Die *deutsche* Sprache ist in mindestens vier Fällen sogar von einem Menschen allein entwickelt worden: Luther, Bismarck, Rudolf Augstein und Alice Schwarzer – und auch noch von einem schwarzen Gremium aus den USA.

Bei LUTHER ist das über alle Maßen klar: Aus Ansätzen zu einer deutschen Literatursprache, Anleihen bei der Kanzleisprache der Habsburger und einem Querschnitt durch die deutschen Mundarten mischte er jene Gemeinsprache zusammen, auf der das Neuhochdeutsche fußt.

«Der Mutter im Hause» schaute er dabei aufs Maul – vor allem aber übersetzte er die Bibel so, dass das Volk *ihm* aufs Maul schaute, und mit Hilfe des Buchdrucks wurde sie zum ersten Massenmedium der Geschichte.

BISMARCK nötigte der Deutschen Reichspost 1874 nicht weniger als 760 Eindeutschungen auf, zumal aus dem Französischen und dem Italienischen – und wer heute lieber postlagernd sagt als *poste restante*, einschreiben als *recommandieren*, Postanweisung als *mandat*, der beweist: Selbst durch Befehl von oben lässt die Sprache sich ändern, und das muss nicht zu ihrem Nachteil sein (mehr in Kapitel 19).

RUDOLF AUGSTEIN, Vater des *Spiegels*, dachte sich 1947 als Markenzeichen für sein Magazin ein Quantum Sprachmarotten aus: die Abschaffung des Possessivpronomens zum Beispiel («Ehefrau Hilde mit Sohn Otto») oder die Versaubeutelung des Genitivs («Die Lehre von Psychologe Hintermeier»). Augstein hat damit die gesamte deutschsprachige Presse erobert bis nach Bozen und nach Appenzell, und großenteils sind seine Flausen schon in die Gemeinsprache eingegangen.

ALICE SCHWARZER war eine der ersten deutschen Vorkämpferinnen des feministischen Sprachgebrauchs; sie verlangte, dass die weibliche Form immer zusätzlich zu nennen sei: die Wählerinnen und Wähler, die Demonstrantinnen und Demonstranten, und wenn nicht die Lehrerinnen und Lehrer, dann wenigstens die Lehrpersonen. Zwar findet die große Mehrheit der Deutschen dies lästig oder überflüssig – aber alle Politikerinnen und Politiker, Beamtinnen und Beamten, Gewerkschafterinnen und Gewerkschafter hat die Schwarzer am Gängelband, und da auch die meisten Journalistinnen und Journalisten nach ihrer Pfeife tanzen, wird sie eines Tages vielleicht sogar die Gemeinsprache umgestaltet haben (bis zum Einwohnerinnen- und Einwohnermeldeamt? Zum Schild: «Vor Taschendiebinnen und Taschendieben wird gewarnt»?).

Dass vier einzelne deutsche Muttersprachler einen so drastischen Einfluss auf das Deutsche hatten und haben, ist noch nicht einmal so erstaunlich wie ein Ereignis von 1966 in den USA: Da spaltete sich von der friedlichen Bürgerrechtsbewegung des Martin Luther King eine militante Gruppe ab, die sich BLACK PANTHERS nannte – und die drehte den Spieß um: «Schwarze», wie sie einst geschimpft wurden (*colored* oder *negroes* wäre korrekt gewesen) – so *wollten* sie nun heißen. Das war eine politische Tat und gewiss ihr gutes Recht. Dass sie sich in Amerika damit durchsetzten, ist ein neues Beispiel für die Sprachmacht der Wenigen über die Vielen. Dass wir seither aber auch in Deutschland die Neger «Schwarze» nennen (ja in der Zeitung nennen müssen, wenn wir keinen Ärger kriegen wollen) – das ist die kraftvollste Widerlegung des törichten Satzes, dass die Sprache «sich» entwickle.

Willkommen also, ihr Bismarcks und ihr Schwarzen Panther! Ihr demonstriert, dass mancher Einzelne die Macht hat, die Sprache nachhaltig zu verändern, ja manche Minderheit über einen Ozean hinweg. In der Aktion «Lebendiges Deutsch» sind wir vier, immerhin (Kapitel 20), und als einer von ihnen erlaube ich mir das Resümee: Luther war grandios, Bismarck nicht schlecht und Augstein ein bisschen albern; Alice Schwarzer ist umstritten, und die Schwarzen Panther sind ziemlich weit hergeholt. Bleibt noch die Macht eines anonymen Kollektivs zu würdigen: der Duden-Redaktion.

Wie «die große Hure Duden» sie steuert

Bis 1971 hatte die Duden-Redaktion ein gutes Gewissen, wenn sie das in der Sprache Übliche zwar zuweilen registrierte, sich primär aber als Verkünder von Normen verstand. Seit 1971 normiert sie zwar noch die Rechtschreibung, aber nicht mehr Grammatik und Stilistik. Da spielte vermutlich der antiautoritäre Geist von 1968 mit, wie er sich am drastischsten 1972 in den berüchtigten «Hessischen Rahmenrichtlinien für das Fach Deutsch» manifestierte: «Die unreflektierte Einübung in die Normen der Hochsprache» erschwere den meisten Schülern «die Wahrnehmung und Versprachlichung ihrer Sozialerfahrungen und Interessen».

Das traf sich mit der Denkrichtung, die in der akademischen Linguistik seit mehreren Jahrzehnten ohnehin dominiert: Sie will nicht *präskriptiv* (vorschreibend) agieren, sondern *deskriptiv* (beschreibend); jede Art von «Sprachpflege» wird als «unwissenschaftlich» abqualifiziert. (Also wäre auch der Rang der Lutherbibel wissenschaftlich nicht zu würdigen – und das spräche sehr für die Lutherbibel.)

Entgegen ihrem erklärten Ziel jedoch entscheidet die Duden-Redaktion auch weiter über die Entwicklung des Deutschen kräftig mit, und zwar auf dreifache Weise.

1. *durch die Wörter, die sie neu verzeichnet* – oder die sie als veraltet weglässt. 2004 nahm sie zum Beispiel die Vokabeln *Alcopop, Billigflieger, Homo-Ehe* auf; über die meisten Neuregistrierungen teilt die Redaktion nichts mit, ebenso wenig über die Wörter, die in neuen Auflagen entfallen (Goethes *Fraubaserei* – die Schwatzfreudigkeit der Frauenzimmer – registriert der Duden beispielsweise nicht).

2. *durch die Bewertung, die sie hinter viele Einträge setzt,* nämlich:

    dichterisch (z. B. Aar)

    gehoben (Antlitz)

bildungssprachlich (Affront)

umgangssprachlich (super!)

familiär (Frechdachs)

salopp (abnibbeln)

abwertend (Visage)

derb (Scheiße)

vulgär (Fotze)

Indem er die Scheiße *nicht* als vulgär einstuft, baut der Duden etwaige Hemmungen gegen die Verwendung des Wortes ab: «Derb» ausgedrückt hat sich schließlich auch Luther. Außerdem verwendet die Redaktion die Bewertungen

altertümelnd («Abersinn» statt Aberwitz)

veraltend (Backfisch)

veraltet (Muhme).

3. *durch den Verzicht, in Grammatik und Stilistik noch Normen zu setzen:* Kommentarlos wird das *Übliche* registriert. So verweist der Duden darauf, dass der Konjunktiv II (er hätte, er wäre) «immer häufiger» statt des Konjunktivs I (er habe, er sei) verwendet werde. Die Redaktion kommentiert das sogar – aber nicht mit dem Hinweis «falsch, oft auch missverständlich», sondern: *habe* werde oft als «geziert» empfunden. (Missverständlich: *Er käme* bedeutet ja das Gegenteil von *er komme*: «Er sagte, er komme» heißt: er kommt; «er sagte, er käme» dagegen: er kommt *nicht* – er käme ja gern, wenn nicht leider ...)

Unter *mausern* bringt der Duden das Beispiel «Der Abriss hat sich zu einem Lehrbuch gemausert» – und unterlässt jeden Hinweis, dass der Vogel, der sich mausert, sich *zu gar nichts* mausert, er bleibt ein Vogel; der Duden billigt also eine Katachrese, eine entgleiste Metapher von der Art «Auch Eisberge kochen nur mit Wasser».

Indem nun der Duden in Grammatik und Stilistik jede Normierung verweigert, setzt er eine Abwärtsspirale in

Gang: Denn seine Benutzer *suchen* wie eh und je die Norm in ihm – sie nehmen also das registrierte *Übliche* als das Richtige wahr, selbst wenn es falsch, dubios oder bescheuert ist.

Die *Deutsche Presse-Agentur* (dpa) hat daraus schon 1985 in einer Dienstanweisung die Konsequenz gezogen: «Auf den Duden kann man sich nicht immer berufen. Wenn dpa einen Fehler mehrmals macht, der durch die Wiedergabe in den Zeitungen potenziert wird, erscheint er alsbald auch im Duden.» Die *Zeit* schrieb im selben Jahr: «Wenn etwas nur lange genug unkorrekt gebraucht wird, ist unsere große Hure Duden zur Stelle und kassiert es als korrekt.»

Anglizismen sind im Duden zu Tausenden registriert. Das ist einerseits benutzerfreundlich, soweit eine Übersetzung dabeisteht wie im zehnbändigen von 1999 (bei *Brainstorming* zum Beispiel: «Verfahren, durch Sammeln von spontanen Einfällen der Mitarbeiter die beste Lösung für ein Problem zu finden»). Andrerseits werden alle registrierten Importe damit im Deutschen willkommen geheißen, auch die *Human Relations* (die in der Wirtschaft grassieren, ohne dass sie den zwischenmenschlichen Beziehungen etwas voraus hätten) oder das *Citybike* (das von einer gierigen Industrie erfunden und ins Deutsche gemogelt worden ist).

Auch wer bei den Anglizismen nur die Übertreibung, den Unfug bekämpft, hat also in der Duden-Redaktion keinen Verbündeten. Sie hat sich vom Vorbild zum bloßen Spiegelbild gemausert. Selbst Schwarze Panther spiegeln sich darin.

6
Haben wir nicht schon immer importiert?

Ja, und mit großem Gewinn – freilich auch mit etlichen Nachteilen. Das Griechische ist fest im Deutschen verankert, vom *Telefon* über die *Philosophie* und die *Psyche* bis zur *Psoriasis*, der Schuppenflechte; und gleich zwei Nachteile werden daran deutlich: «Physisch und psychisch krank» ist als Schriftbild anstrengend und als Sprechvorlage kaum zu bewältigen; «körperlich und seelisch krank», das würde den Zugang erleichtern, und in schönem altem Deutsch könnte man «krank an Leib und Seele» sagen. Bei der *Psoriasis* aber und tausend anderen medizinischen Fachwörtern sind es die Patienten, die den Preis dafür bezahlen, dass die Ärzte sich *mit ihresgleichen* vorzüglich verständigen können.

Latein war bis ins 17. Jahrhundert die alleinige Sprache der Wissenschaften in Europa, die der katholischen Kirche und das Verständigungsmittel der Gebildeten; seine Einflüsse aufs Deutsche sind gewaltig und fallen bei Wörtern wie Natur, Motiv, Organisation den wenigsten auf. Aber wer einen mangelnden Zusammenhang als *Inkohärenz* beschreibt, wird nur noch von einer Minderheit verstanden; wer zweiseitige Verhandlungen als *bilateral* bezeichnet, bedient sich eines völlig überflüssigen Politiker-Jargons; und wer dem Erzählerischen das *Narrative* vorzieht, hat offensichtlich Literaturwissenschaft studiert und legt Wert darauf, seine Umwelt das auch wissen zu lassen.

Die *französische* Invasion fand nach der lateinischen statt, im 17. und 18. Jahrhundert. Für Friedrich den Großen war Französisch die Alltagssprache, ebenso für den russischen Adel bis zum Ersten Weltkrieg und für Rumäniens Oberschicht bis zum Zweiten. Anders als das Lateinische nötigte das Französische den Deutschen nun einige Laute auf, die sie nicht kannten: das stimmhafte sch in Garage, Montage, Blamage; den Nasal, den wir in der Chance und der Saison schlecht und recht bewahrt haben, während der Balkon und die Pension bis heute Zwitter geblieben sind: in Bayern Balkoon und Pennsion ausgesprochen, in Norddeutschland aber überwiegend Balkong und Pangsion (wobei dem Komponisten Chopeng der Schönheitspreis gebührt). Die *Clique* wird zwar kompliziert geschrieben, aber problemlos so ausgesprochen, als ob da «Klicke» stünde; das Adjektiv *chic* haben wir sogar in «schick» verwandelt – mit einer Rückwärtsbewegung, weil die Modebranche lieber chice als schicke Kleider anpreist (wobei sie in Kauf nimmt, dass *chice* zu der Aussprache «schize» einlädt).

Alles in allem haben die Importe aus dem Griechischen, Lateinischen und Französischen die deutsche Sprache bereichert. Man könnte den Fremdwörtern sogar mehrere ausdrückliche Vorzüge zugestehen (oder den *Lehnwörtern* – wie sie heißen, wenn wir ihre fremde Herkunft nicht mehr spüren).

Erster Vorzug: Manche Wörter erkennbar ausländischer Herkunft haben mehr Saft als ihr deutsches Gegenstück. Was ist «Einbildungskraft» oder «Vorstellungskraft» oder «Erfindungsgabe», verglichen mit der *Phantasie*? Zwar erklären sich die griechischen Silben nicht aus sich selbst, anders als die deutschen, aber sie haben Musik – wie traurig, wenn ausgerechnet die Phantasie keine hätte! Mehr als andere Wörter kann dieses den schwungvollen

Wohlklang gebrauchen, den die deutschen Entsprechungen nicht besitzen. Und damit *basta!* (Was italienisch ist und doch im Deutschen völlig zu Hause – ein schlüssigerer Schlusspunkt als «Es genügt», obwohl es nur dies bedeutet.)

Zweiter Vorzug: Viele Fremdwörter bereichern die Sprache durch starke Farben, wie sie im Deutschen selten sind; ein anderer Aspekt von Musik und Phantasie: *Drama, Dämon, Chaos, Ideal.* Das Neuhochdeutsche ist ja oft eine blasse Variante auf bunte althochdeutsche Wörter: in *huson, hawi, uwila* erkennen wir die Hose, das Heu, die Eule nur mühsam wieder.

Dritter Vorzug: Das Fremdwort bereichert die deutsche Sprache durch ungewohnte Rhythmen: *elegant, guttural, Majestät,* überhaupt alle Wörter auf -al, -ant, -ät, -enz, –ion, -thek haben den Ton auf der letzten der meist drei Silben, was bei Wörtern deutscher Herkunft selten ist; so lässt sich die Satzmelodie beleben.

Vierter Vorzug: Das Fremdwort erleichtert die Ableitung anderer Wörter. Das Telefon mag mit «Fernsprecher», die Musik mit «Tonkunst» leidlich wiedergegeben sein, aber «tonkünstlerisch» wäre schon Krampf, «fernmündlich» hat sich nie durchgesetzt und «fernsprecherisch» wäre unmöglich, während *telefonisch* und *musikalisch* uns leicht von den Lippen gehen, auch *Musiker, Musikant, musizieren, Musikalien* und *Musikalität* – eine Anleihe bei dem überaus praktischen Baukastensystem der romanischen Sprachen.

Fünfter Vorzug: Fremdwörter bereichern die Sprache um neue Nuancen: Der *Profit* variiert den Gewinn, die *Grazie* die Anmut, die *Visage* das Gesicht; wer *irritiert* ist, muss keineswegs gereizt sein, *homosexuell* hat eine andere

Temperatur als «schwul», und außer dem Gehen, Schlendern und Schreiten steht uns auch das Spazieren, Flanieren, Promenieren zur Verfügung.

Sechster Vorzug: Fremdwörter können ein Lokalkolorit vermitteln, auf das wir nicht verzichten möchten: nicht auf den *Gentleman* und den *Globetrotter*, nicht auf die *Datscha*, nicht auf die *Geisha*, nicht auf den *Basar*. Hier freilich kann man übertreiben: Das *State Department* bringt eigentlich keinen Vorteil gegenüber dem amerikanischen Außenministerium, und das israelische Parlament heißt *die Knesset* nur bei jenen Fernsehkorrespondenten, die der Öffentlichkeit mitzuteilen wünschen, dass sie immerhin ein hebräisches Wort beherrschen.

Schließlich der siebente und erstaunlichste Vorzug: Manches Fremdwort ist populärer und verständlicher als sein deutsches Pendant – die *Adresse* rangiert weit vor der Anschrift, das *Baby* vor dem Säugling, das *Foto* vor dem Lichtbild, die *Fotokopie* vor der «Lichtpause» oder «Ablichtung», das *Tempolimit* vor der Geschwindigkeitsbegrenzung: die «Base» klingt fast albern neben der *Kusine*, und die Post tat gut daran, den «Öffentlichen Münzfernsprecher» durch die *Telefonzelle* zu ersetzen.

Vorzüge und Nachteile nüchtern ermitteln, sichten, wägen, aussortieren: das wäre die angemessene Art, mit Einwanderern und Eindringlingen umzugehen. Oder es so beherzt zu tun, wie unsere Ahnen ein neunsilbiges Kunstwort aus gleich drei griechischen Stämmen in einen griffigen Zweisilber umgepresst haben: Das «Kinematographentheater», das 1895 ins Leben trat, haben sie alsbald zum *Kino* verkürzt und verlebendigt (unbekümmert darum, dass «Kino» damals noch der Name eines Pflanzensafts für Färber und Gerber war).

So funktioniert lebendige Sprache: Wir holen uns herein, *was,* und wir verwandeln es, *wie* wir wollen. Mit den Importen aus dem englischen Sprachraum ist das erfreulicherweise ebenfalls geschehen – nur ein bisschen selten und leider mit sinkender Tendenz.

7
Was eigentlich sind «Anglizismen»?

Einerseits mehr, andrerseits weniger, als die Definitionen von Duden und Brockhaus besagen: «Übertragung einer für das britische Englisch charakteristischen sprachlichen Erscheinung auf eine nichtenglische Sprache», sagt der Duden (die Einschränkung auf das *britische* Englisch wird am Schluss des Kapitels erläutert), und der Brockhaus: «Eigenheit der englischen Sprache, die in eine andere Sprache übernommen wird», gleichgültig ob Wörter oder Redewendungen (zum Beispiel «Das macht keinen Sinn» als nachäffende Übersetzung von «That makes no sense», während die deutsche Wendung lautet: Das *hat* oder das *ergibt* keinen Sinn).

Diese Definitionen begreifen drei Arten von Importen aus dem Englischen ein, die **nicht** Gegenstand dieses Buches sind:

- Wörter, die nach Schriftbild und Aussprache oft als völlig deutsche Wörter gelten, die besten aller Anglizismen: Sport, Start, Test, Trick.
- Wörter, die nicht nach deutscher Art geschrieben, aber völlig deutsch gesprochen werden: Team, Hobby, Party, Training.
- Wörter, die uns eine undeutsche Aussprache abverlangen, aber problemlos integriert sind: Job, Steak, Toast.

Diese drei Kategorien sind «Anglizismen» nur noch für die Sprachwissenschaft. Gegenstand dieses Buches sind sie nicht.

Andrerseits lassen die lexikalischen Definitionen, ebenso die meisten Publikationen über «Anglizismen», *die scheinbar deutschen Wörter* unerwähnt, die sich in überflüssiger und oft lächerlicher Weise an englische Vorbilder anlehnen. Dieses Buch behandelt sieben Arten von *englischen* Wörtern in deutschen Texten und Mündern sowie drei Arten von *deutschen* Wörtern, bei denen wir auf Abhilfe sinnen sollten:

1. Englische Wörter, die eine deutsche *Wortlücke* schließen, sodass wir sie entweder akzeptieren – oder aber, noch besser, eine deutsche Entsprechung für sie suchen sollten (*brainstorming* zum Beispiel; dazu Kapitel 20); dies unbedingt dann, wenn sie zur nächsten Gruppe gehören:

2. Englische Wörter, die die Deutschen in ihrer Mehrheit nicht verstehen. Rund 60 Prozent können nicht Englisch – und von den 40 Prozent, die es zu beherrschen behaupten, haben offensichtlich viele übertrieben (Kapitel 10).

3. Englische Wörter, für die es eine klare deutsche Entsprechung gibt, die aber viele offenbar nicht *cool* genug finden: die *Pipeline* ist natürlich eine Rohrleitung, das *highlight* ein Höhepunkt oder ein Glanzlicht und *slow motion* die Zeitlupe.

4. Englische Wörter, die perfekten deutschen Wörtern mutwillig übergestülpt werden, obwohl daran nicht der geringste Bedarf bestand: wie beim *Service Point* oder beim *Human Resources Department*. (Die hier genannten Beispiele werden in Kapitel 10 zerzaust.)

5. Englische Wörter, die wir falsch übersetzen: *Personal Computer* heißt «Privatcomputer», und *joggen* heißt gerade nicht «laufen», sondern schlurfen.

6. Englische Wörter, die wir in Drittsprachen mogeln. Wer als Deutscher eine spanischsprachige Stadt benennt, sollte dies auf Deutsch oder auf Spanisch tun: *Mexiko-Stadt* oder *Ciudad de México*; unsere Zeitungen aber sind in *Mexiko City* verliebt.

7. Scheinbar englische Wörter, die wir selbst erfunden haben, Pseudo-Englisch wie den *Twen*, den kein Englischsprachiger kennt.

8. *Deutsche Wörter*, denen viele Deutschsprachige fälschlich die englische Bedeutung unterschieben, zum Beispiel *realisieren* (wieder Kapitel 10).

9. *Scheinbar deutsche Wörter*, die in Wahrheit Nicht-Übersetzungen englischer Wörter sind, zum Beispiel *Administration*.

10. *Scheinbar deutsche Wörter*, die in Wahrheit englische Wörter nachäffen – wie der *Gewittersturm*.

Und warum bezeichnet der Duden die Anglizismen als Importe aus dem *britischen* Englisch? Um sie von den *Amerikanismen* abzugrenzen. Die Sprachwissenschaft versteht darunter zweierlei:

- Wörter, die wir nicht aus Großbritannien übernommen haben, sondern aus den USA – eine Unterscheidung, die nicht immer klar zu treffen, jedenfalls für unser Thema ohne Belang ist

- den amerikanischen Sprachgebrauch, soweit er sich vom *britischen* unterscheidet: krass in der Aussprache, manchmal in der Schreibweise (*color* statt *colour*, *theater* statt *theatre*), oft sogar in der Wortbedeutung: «I got a flat» heißt in den USA «Mein Auto hat einen Platten», in England aber «Ich habe eine Wohnung gefunden».

Bleibt als Kuriosum das *Rossbief*. Wir sprechen es beherzt so aus, als ob es vom Pferd käme – obwohl *roast beef*, mit dem Ton auf dem zweiten Wort, nicht durchgebratenes Rindfleisch ist. Mit einem solchen Zwitter kann niemand glücklich sein; einer, immerhin, lässt sich ertragen.

Der Smoking und das Handy

Einerseits sind auch diese beiden Wörter *Pseudo-Anglizismen*, nämlich im Englischen in ihrer deutschen Bedeutung unbekannt. Andrerseits handelt es sich bei ihnen nicht um deutsche Erfindungen wie den *Twen*, sondern um korrekte Wörter der englischen Sprache, nur bei uns mit einer anderen Bedeutung versehen.

HANDY heißt handlich, praktisch, griffbereit (von Sachen), auch geschickt (im Umgang mit ihnen). So wurden in der US Army nach 1945 die ersten leichten, handtauglichen Funkgeräte *handy-talkies* genannt – als Nachfolger der sperrigen *walkie-talkies* des Krieges, für die man noch einen Rucksack gebraucht hatte.

Das neue Wort ging verloren, bevor das westentaschentaugliche Mobiltelefon seinen Siegeszug antrat. Das heißt bis heute in England *mobile phone* und in Amerika *cell phone*. Da ist *Handy* kürzer und praktischer, überdies seinem Ursprung durchaus angemessen. (Im Plural dann *Handys*, nicht *Handies* in der englischen Form; *Babys* schreiben wir ja auch.)

Dan Hamilton, Professor für internationale Beziehungen an der Johns-Hopkins-Universität in Baltimore, schlug 2006 sogar vor, das Wort *Handy* in seiner deutschen Bedeutung in die USA zu importieren; *cell phone* klinge ja wie ein Bazillen-Speier (*like a germ spewer*).

Wir haben also den Fall einer wechselseitigen Befruchtung – und allen Grund, uns fröhlich zum Handy zu bekennen, wie schon lange zum *Flirt* und zum *Sex*. Die drei Forderungen Voltaires an ein neues Wort erfüllt es perfekt: Wir brauchen es, alle verstehen es, und es klingt angenehm.

Smoking heißt nach Langenscheidt «das Rauchen» und sonst nichts. Im vierbändigen Muret-Sanders ist jedoch die veraltete Bedeutung «Rauchjacke» festgehalten, genauer: das *smoking-jackett*, das die Herren der feinen englischen Gesellschaft anlegten, ehe sie sich in den Rauchsalon zurückzogen.

Wer unseren «Smoking» im Wörterbuch finden will, muss im deutsch-englischen Teil nachschlagen, und dort wird der Smoking für Englischsprachige in *dinner-suit, dinner-jacket*, amerikanisch *tuxedo* übersetzt. Dieses Kuriosum hat sich in Deutschland schon vor mehr als hundert Jahren herausgebildet, und wir könnten es bejahen (Nichtraucher eingeschlossen).

8
Was Jacob Grimm und Hitler dazu sagen

Wer die hässlichen, die überflüssigen, die unverstandenen unter den Anglizismen bekämpfen will und ausdrücklich nur sie – der hat viele Feinde und einen merkwürdigen Verbündeten.

Gegner sind auf der einen Seite jene Linguisten, die der an den Universitäten regierenden Mode anhängen, die Sprachwissenschaft sei nicht dazu da, die Sprache zu beeinflussen, sondern nur zu registrieren, wie sie «sich» entwickelt (Kapitel 5); zum Zweiten jene Anglomanen zumal in der Werbung, in der Wirtschaft, in der Popmusik, die sich auf der Höhe der Zeit fühlen, wenn sie ihre Muttersprache so tief wie möglich in englische Vokabeln und Redewendungen tauchen. Jede Einladung, das Gute vom Schlechten zu scheiden und ein bisschen Maß zu halten, erscheint ihnen als borniert, deutschtümelnd, vorgestrig – ja des Hurra-Patriotismus verdächtig und nicht frei von faschistischen Zügen.

Gerade dies aber ist beweisbar falsch: Denn Hitler hat sich «das Herumwerfen mit altgermanischen Ausdrücken» verbeten und 1941 sowohl die altdeutsche Druckschrift (Fraktur) als auch die deutsche Schreibschrift (Sütterlin) *verboten*, um das Deutsche internationaler zu machen. Schon 1940 hatte der «Reichsminister für Wissenschaft, Erziehung und Volksbildung» folgenden Erlass herausgegeben:

> «Dem Führer ist in letzter Zeit mehrfach aufgefallen, dass seit langem in die deutsche Sprache übernommene Fremdwörter durch Ausdrücke ersetzt werden, die meist im Wege

der Übersetzung des Ursprungswortes gefunden und daher in der Regel unschön sind. Der Führer wünscht nicht derartige gewaltsame Eindeutschungen und billigt nicht die künstliche Ersetzung längst ins Deutsche eingebürgerter Fremdworte durch nicht aus dem Geist der deutschen Sprache geborene Wörter.»

Was unschön, künstlich und gewaltsam ist, sollte bei der Suche nach deutschen Entsprechungen vermieden werden – das bleibt richtig, wer immer es gesagt hat.

Doch auch von der anderen Seite bläst ein kalter Wind. Er kommt von denen, die der «Ausländerei» schlechthin den Kampf angesagt haben: den Puristen, den Hexenjägern, die es für unerträglich halten, auch nur die praktischen Importe zu bejahen. Heute sind das nur wenige Sektierer. Sie hatten aber einst einen ungeheuer populären Verkünder: den Pädagogen Friedrich Ludwig Jahn, «Turnvater» genannt. In seinem Buch «Die deutsche Turnkunst» (1816) wetterte er, ohne zwingenden Zusammenhang mit Reck und Barren, gegen «Wortmengerei» und «Welschsucht»: «Keiner darf zur Turngemeinschaft kommen, der wissentlich Verkehrer der deutschen Volkstümlichkeit ist und Ausländerei liebt, lobt und beschönigt.»

Der Große Brockhaus von 1845 beschrieb den wütigen Pädagogen hintersinnig so: Im Schmerz über die Demütigung Deutschlands durch Napoleon «wandte sich sein Eifer auf die Wiederherstellung des Volksgeistes und der reinen Kraftsprache des deutschen Volkes». Dabei sei es ihm nicht gelungen, «sein aufgeregtes Kraftgefühl in die Schranken der Mäßigung zurückzudrängen». (Wie haben die Zeiten sich geändert! *Stick Walking, Rope Skipping, Group Fitness, Step Style Guide*», versprach 2006 der Niedersächsische Turnerbund in seinem Informationsheft, und *«Move your body – stretch your mind!»*, rief der Verein «Deutsche Sportjugend» 2007 den jungen Deutschen zu.)

Millionen Deutschsprachige, die Aktion *«Lebendiges Deutsch»* (in Kapitel 20 vorgestellt) und dieses Buch suchen den Mittelweg zwischen der Verbohrtheit des Turnvaters und dem Übermut der Anglo-Fuzzis in unseren Werbeagenturen: nicht jeden Unfug hinnehmen, bloß weil er englisch klingt; sondern stutzen und prüfen, akzeptieren und verwerfen. Augenmaß also.

Die plausible Grenze haben anschaulich schon Goethe und Jacob Grimm beschrieben. Goethe in seinen «Maximen und Reflexionen»: «Die Muttersprache zugleich reinigen und bereichern ist das Geschäft der besten Köpfe. Reinigung ohne Bereicherung erweist sich öfters geistlos; denn es ist nichts beqemer als von dem Inhalt absehen und auf den Ausdruck passen. Der geistreiche Mensch knetet seinen Wortstoff, ohne sich zu bekümmern, aus was für Elementen er bestehe; der geistlose hat gut rein sprechen, da er nichts zu sagen hat.»

Jacob Grimm fragt 1854 in seinem Vorwort zum «Deutschen Wörterbuch» (das nach seinem und seines Bruders Tod auf 33 Bände angewachsen ist): Warum nehmen wir fremde Wörter an? Offensichtlich nicht nur wegen ihrer häufig überlegenen «Zier und Beholfenheit», sondern auch in dem «trägen Versäumnis, sich in der eigenen Sprache nach einem ihnen entsprechenden Ausdruck umzusehen». Andrerseits spreche nichts dagegen, Wörter willkommen zu heißen, die im Brunnen der Sprache so lange umgetrieben worden seien, bis sie wie heimische aussähen: «Abenteuer» zum Beispiel klinge vollkommen deutsch, obwohl es, rein akustisch aus *adventura* abgeleitet, weder mit

«Abend» noch mit «teuer» etwas zu schaffen habe: «Jeder weiß, was es wirklich ausdrückt, und unsere Klänge werden nicht von ihm getrübt.»

Zwar wolle das Wörterbuch nicht der Sprachvermengung Vorschub leisten, schreibt Jacob Grimm weiter, «geflissentlich aber auch die Abwege meiden, auf welche von unberufenen Sprachreinigern gelenkt worden ist. Ohne an der Fülle unserer Sprache wahre Freude zu empfinden, strebt dieser ärgerliche Purismus, das Fremde feindlich zu verfolgen und zu tilgen; mit plumpem Hammerschlag schmiedet er seine untauglichen Waffen.»

Nichts träge versäumen also – aber auch nicht mit dem Hammer auf Importe einschlagen, die jeder versteht und die «unsere Klänge nicht trüben»: Das ist der Weg. «Freilich», sagt Gerhard Storz, Literaturwissenschaftler und einst Kultusminister von Baden-Württemberg: «Man muss des Deutschen einigermaßen mächtig sein, will man ermessen, was sich damit leisten lässt.»

DER REAL EXISTIERENDE
UNFUG

9
Stimuliere deine Sense!

Unsere zuverlässigsten Anglomanen sind die Werbetexter und die Marketing Consultants großer deutscher Firmen. Sie schwelgen im Englischen, sie berauschen sich an allem, wovon sie meinen, es trage sie hinweg aus ihrem Pasing oder Eppendorf direkt in die Madison Avenue im Herzen von New York.

Manchmal haben sie Glück, und die Kunden, auf die sie zielen, folgen ihnen – zumal wenn sie zusammen mit einem neuen Produkt den englischen *Namen* dafür importieren. Häufiger haben sie Pech: meistens dann nämlich, wenn sie englische *Sprüche* erfinden. Viele Werber tun das arglos und sinnlos jahrelang; aber dann kann es passieren, dass sie einen Bauchklatscher machen – so geschehen 2003, und nassgespritzt sind sie noch heute.

Für einen erfolgreichen Namensimport ist das klassische Beispiel jenes robuste Fahrrad mit vielen Gängen und dicken Stollenreifen, mit dem man quer durchs Gelände und auf Bergpfaden fahren kann: Als *Mountain Bike* wurde es vor einem Vierteljahrhundert aus Colorado oder Kalifornien übernommen – «Bergrad» hätte es heißen können, mit der oft überlegenen Kürze der deutschen Sprache und in völlig identischer Bedeutung.

Vielleicht hätte das der angepeilten Kundschaft weniger gefallen.Vor allem aber hätte es den Herstellern einen Markt verriegelt, auf dem sie Zehntausende von Mountainbikes verkaufen konnten: Norddeutschlands platte Straßen. Für das zusätzliche Gewicht und den verdreifachten Abrollwiderstand extra zu bezahlen wäre den potenziellen Käufern vielleicht doch schwer gefallen, wenn man sie mit dem Wort «Berg» auf das Unsinnige ihres Kaufentschlusses gestoßen hätte.

War die Biker-Gemeinde einmal gewonnen, so konnte man ihr noch mehr schmackhaft machen: Zum Beispiel das *Cross-Country-Bike* für bloße Querfeldeinfahrer, das *Downhill* für Bergab-Liebhaber, das *All-Mountain-Fully* für Unspezialisierte; nicht zu vergessen das *Single Speed* mit dem mutwilligen Verzicht auf die Rasterschaltung der 27 Gänge (was vor Erfindung der Gangschaltung billiger zu haben gewesen wäre) und das *Dirt-Bike* für die Extremen, ein Dreckrad also, ein Spitzenprodukt aus Schmutz und Englisch.

Gut, da waren neue Geräte zu benennen – dies auf Deutsch zu tun, hätte mehrere Minuten des Nachdenkens erfordert. Aber warum wird im Biker-Magazin ein so deutscher Gegenstand wie der «Sitzrohrschnellspanner» als eine *Beauty* vorgestellt, und warum sind nicht nur korrekte *Justages* der *Pedal Cleats* wichtig, sondern auch leichte *Wheels*? Das Rad ist 5000 Jahre, das deutsche Wort dafür 2000 Jahre alt, und nun soll es ein «Wheel» sein.

Offensichtlich ist es den Herstellern da gelungen, den Bergradlern zusammen mit dem Bike eine Zunftsprache aufzudrängen, wie zum Beispiel auch die Jäger eine benutzen – beide zu dem Zweck, ein Klub-Gefühl zu erzeugen und sich gegen Nichtbiker und Nichtjäger sprachlich abzugrenzen. (Für Jäger ist der Schwanz des Hasen seine «Blume», ein weißer Fleck am Reh-After ein «Spiegel» – zwar deutscher, aber auch nicht schlauer.)

Ähnlich komplett anglisiert wie die Biker sind die *Snowboard*-Fahrer. («Schneebrett» hätte das Ding in der Tat nicht heißen können, das ist eine überhängende Schnee-masse – aber «Monoski» natürlich, wie die Wasserskifahrer ihn seit Jahrzehnten benutzen.) Ihr «Event-Kalender» für 2007 lud die Snowboarder zur *Chill & Destroy Tour*, zur *Forum Snake Session* und zum *Peanutbutter Rail Jam* ein, sie lieben den *Sidecut* und den *Power Wing* – und was ist ein *Stalefish*? Ganz klar: «Von den vier Grund-*Grabs* (*Mute, Indy, Melon, Stalefish*) ist der *Stalefish* derjenige, der am seltensten *gestylt* wird. Extrem gut kommt er in der *Pipe*: Vor allem an der *Frontside Wall* ist er ein klassischer *Straight Air*, der super einfährt.»

In der Welt der Snowboarder und der Biker ist solcher Anglo-Rausch offensichtlich verkaufsfördernd – das kön-nen auch die nicht bestreiten, die ihn zum Lachen oder zum Speien finden. Insoweit verhalten sich die Marketing-Strategen rational, wie am anderen Ende der Skala mit der *Wellness* und dem *Anti-Aging*.

Wer aber nicht auf Skifahrer, Bergab-Radler oder an-dere Minderheiten, sondern auf die Mehrheit aller mög-lichen Konsumenten zielt, wer also im Fernsehen wirbt oder in der Tageszeitung: der hat allen Grund, dem im-portierten oder nachgemachten Englisch zu misstrauen.

Am Anfang steht ein simples Faktum, das viele Wer-bungtreibende ebenso souverän wie geschäftsschädi-gend ignoriert haben: Etwa 60 Prozent der Einwohner Deutschlands können nicht Englisch (die Ossis weniger als die Wessis, am wenigsten die in Deutschland lebenden Türken und Osteuropäer). Und die anderen 40 Prozent meinen überwiegend ihr Popmusik- und Reise-Englisch, sind also wiederum in der Mehrzahl weit entfernt da-von, für die Feinheiten der Fremdsprache ein Organ zu besitzen.

Was daraus für die Reklame folgt, hat 2003 das Institut «Endmark» zum Entsetzen der Werbungtreibenden ermittelt: Von zwölf untersuchten Sprüchen hat nur einer es annähernd auf 60 Prozent Verständnis gebracht, nämlich «Every time a good time» von McDonald's (die Weltfirma war auch damit nicht zufrieden und wirbt seither in schlichtem Deutsch mit «Ich liebe es»). Die anderen Unternehmen mussten erfahren, dass sie an zwei Dritteln, ja drei Vierteln oder noch mehr ihrer möglichen Kunden vorbei geworben – und dabei so schmerzliche Deutungen provoziert hatten wie Douglas, SAT 1 oder Loewe (siehe die Tabelle).

Die Zahlen wären noch verheerender gewesen, wenn das Institut eine repräsentative Auswahl aus *allen* Einwohnern Deutschlands befragt hätte; sie prüften aber nur bei den 14- bis 49-Jährigen, denn die gelten der Werbung als die wichtigsten Adressaten. Mit höherem Alter nimmt der Anteil der Englischsprechenden ab.

Die Mehrzahl der gebeutelten Unternehmer hat ihre Werbesprüche nach diesem Schock geändert. Es war ja der Beweis erbracht, dass die Anglo-Sucht imstande ist, alle kaufmännische Vernunft in den Müllschlucker zu kippen: Millionen waren zum Fenster herausgeworfen worden.

Dabei konnten alle Werber schon lange vor der Endmark-Untersuchung wissen: Die populärsten Werbesprüche waren *immer* die deutschen – Klassiker wie «Mach mal Pause» oder «Man gönnt sich ja sonst nichts» oder «Alle reden vom Wetter – wir nicht»; 2007 in der Spitzengruppe: «Ich bin doch nicht blöd» (Media-Markt), «Geiz ist geil» (Saturn), «Nichts ist unmöglich» (Toyota), «Da weiß man, was man hat» (Persil); ja «Quadratisch, praktisch, gut»

Firma Werbespruch	Gemeint war:	Verstanden haben das	Stattdessen verstanden die anderen z. B.:	Daher heißt es heute:
McDonald's: «Everytime a good time»	Immer eine gute Zeit	59 %		«Ich liebe es»
Douglas: «Come in and find out»	Komm rein und entdecke	34 %	… du wirst auch wieder rausfinden	«Douglas macht das Leben schöner»
SAT 1: «Powered by emotion»	Von Gefühlen bewegt	33 %	Macht und Emotion Kraft durch Freude Von Gefühlen gepudert	«SAT 1 zeigt's allen»
Esso: «We are drivers too»	Wir sind auch Autofahrer	31 %	Wir sind zwei Fahrer	«Packen wir's an»
Loewe: «Stimulate your senses»	Rege deine Sinne an	25 %	Stimuliere deine Sense Befriedige dich selbst	
Kodak: «Share moments, share life»	Teile mit jemand die Augenblicke, das Leben	24 %	Scharfe Momente – scharfes Leben	
Burger King: «Have it your way»	Nimm's auf deine Art	23 %		
Mitsubishi: «Drive alive»	Lebendiges Fahren	18 %	Lebend ankommen Überlebe die Fahrt	«Heute. Morgen. Übermorgen.»
RWE: «One group – multi utilities»	Ein Unternehmen – viele Arten der Versorgung	8 %	Ohne Gruppe – multikulti	«Alles aus einer Hand»

(Ritter Sport) ist sogar ein Exportartikel geworden, in vielen Ländern zitiert.

In Deutschland nicht verstanden werden auch *Sense and Simplicity*, von Philips gut gemeint, aber gern mit «Einfach Sense!» übersetzt, oder *Fly Euro Shuttle* (Air Berlin), von vielen ziemlich praxisnah in «Euro-Schüttelflug» verwandelt – und was könnte Vodafones *Make the most of now* bedeuten? Mach keinen Most draus! Umgekehrt hat das Unverständnis der Kunden manchen Werbern unverdient eine Peinlichkeit erspart: *Come together* (Peter Stuyvesant) kann ja als Einladung zum gleichzeitigen Orgasmus verstanden werden.

Doch unverdrossen und unbelehrbar dichten sie weiter, die Schaukelburschen der Werbe-Industrie. Aus den unschuldigen Frühstücksflocken haben sie die bizarren *Cerealien* gemacht (die laut Duden übrigens ein altrömisches Fest zu Ehren der Göttin Ceres waren); DHL teilt mit, sein *Can-Do-Spirit* habe sich mit seinem *Know-How* zu einem *Do-How* verbunden. Der amerikanische Katastrophenfilm «The Day after tomorrow» belästigt uns mit sieben Silben, obwohl er, identisch, «Übermorgen» hätte heißen können; und wenn ein französischer Filmtitel für Deutschland übersetzt wird, dann ins Englische natürlich: «Les chevaliers du ciel», die Ritter des Himmels, lief 2006 bei uns als «Sky Fighters» – und wenn's 2007 der spanische Film «Abre los ojos» ist, heißt er hierzulande: «Virtual Nightmare – Open your Eyes».

Warum nicht von Kleist «The Broken Mug» in Deutschland aufführen oder von Schiller «The Virgin of New Orleans»? Der Wellness von Aging Bikers käme das doch sicher zugute.

… auch in der Schweiz

2007 hat die große Ratgeber-Zeitschrift *Beobachter* die Verstehbarkeit englischer Werbesprüche in der Schweiz getestet.

Den Spruch	hatten verstanden
Switzerland. Get Natural.	55 %
Touch your worlds	44 %
Committed to excellence	26 %
Distinct by design	24 %
Choose wisely	20 %

… und in der Mode

Das Titelblatt der deutschen Zeitschrift *Gala Style* im Januar 2006 enthielt 22 englische Wörter und 22 deutsche (wobei Star, Trend, Ikone und Saison schon als deutsche Wörter mitgezählt sind) – zum Beispiel:
«Der Look der Stars: die Fashion Secrets der Stil-Ikonen»
«Der Trend-Guide: Fashion, Beauty, Living»
«Ready to wear: Metallic, Animal Print & Jeans».

Das Titelblatt der deutschen Zeitschrift *Elle* im Juli 2007 enthielt neben drei deutschen Substantiven (Wunder, Regeln, Fehlkäufe) zehn englische: Lifting – Facials – Shopping – Looks – Basics – Pencil Skirt – Last Season Trends.

10
Die törichtsten Anglizismen

Die nachstehende Liste ist unvollständig, dem Wandel unterworfen und bis zu einem gewissen Grade unvermeidlich subjektiv. (Ergänzungsvorschläge und Widerspruch werden in die nächste Auflage integriert.)

Administration: Schein-Übersetzung von *administration*, was auf Deutsch REGIERUNG heißt; «Administration» ist die *Verwaltung*. Folglich gibt es keine «Bush-Administration», sondern nur *die Regierung Bush* (auch «die Bush-Regierung» ist ein Anglizismus, nämlich in der Wortstellung). *Government* ist nicht die Regierung, sondern die Regierungsgewalt, «der Staat» – zum Beispiel wenn er vor Gericht Anklage erhebt oder wenn Forderungen an ihn gerichtet werden. *Empfehlung*: In Berichten aus englischsprachigen Ländern hat die «Administration» nichts verloren.

Aktivitäten: Geschwätzige Schein-Übersetzung von *activities*. In Wirtschaft und Politik inflationär verwendet – dabei logisch und grammatisch falsch: Es gibt ja auch keine Passivitäten, keine Stolze, keine Fleiße, keine Glücke. Gemeint ist eins von dreien:
- AKTIONEN, durch unsinnige modische Silben aufgebläht
- AKTIVITÄT im Singular, als die Summe vieler *Aktionen* oder die Lebenshaltung des Aktivseins
- gar nichts – denn *Geschäftsaktivitäten* oder *Vertriebsaktivitäten* fügen dem Geschäft und dem Vertrieb nichts hinzu.

Empfehlung demgemäß: *Aktionen* oder *Aktivität* oder gar nichts sagen. (Übersetzungsvorschlag für Anglo-Maniaks: *outdoor activities* sind «Außentüraktivitäten».)

Anti-Aging, das Anti-Altern: Künstlicher Oberbegriff eines interessierten Gewerbes für alle Pillen, Salben und Behandlungen, die das Altern angeblich hinauszögern – vermutlich also ein Wortvorhang, hinter dem sich nichts verbirgt, was der Benennung bedürfte, in welcher Sprache auch immer (siehe Seite 134).

City Call: Mutwillige Verfremdung des ORTSGESPRÄCHS durch die Deutsche Telekom. Im Englischen ist das Ortsgespräch der *local call*. *Empfehlung*: Bei der Telekom protestieren. Vgl. *Service Point*.

committen, sich: SICH FESTLEGEN. Lieblingswort des schweizerischen Chefs der Deutschen Bank, Josef Ackermann: «Ich bin nach wie vor committed in Deutschland» (30. 5. 2006).

Corporate Identity: Jargon der Wirtschaft für das UN-TERNEHMENSBILD – und wenn schon Englisch, dann für das Image.

Customer Relationship: Jargon der Wirtschaft für KUNDENBETREUUNG.

downloaden: Ein Anglizismus von besonderer Albernheit, da das HERUNTERLADEN längst gleichberechtigt in Gebrauch ist. *Empfehlung*: abschaffen.

Downsizing: Kunstwort des amerikanischen Managements, in keinem Wörterbuch verzeichnet und von bedeutender Hässlichkeit in allen Weltsprachen. *Size* ist der Umfang, die Größe, *down* heißt hinab, *down-size* also: die Größe hinunterschrauben – eine etwas umständliche Ausdrucksweise für einen Vorgang, den die Amerikaner *reduce* oder *diminish* und die Deutschsprachigen VERKLEINERN oder SCHRUMPFEN hätten nennen können. De facto also eine Verschleierungsvokabel für MASSENENTLASSUNG.

Dressman: Pseudo-Anglizismus – ein in Deutschland erfundenes Wort für ein männliches Mannequin, vom Duden als «anglisierende Bildung» bezeichnet («Anglisierung» ist gut, «Bildung» ist irreführend). Langenscheidt registriert *dressman* als deutsches Wort; für englische Benutzer übersetzt er es in *male model*. (Wer würde sich zutrauen, einem Franzosen zu erklären, was die Deutschen sich hier geleistet haben?) *Empfehlung*: abschaffen. Vgl. *Showmaster, Twen, Wellness.*

einmal mehr: Törichte Nachäffung von *once more* – zu Deutsch: noch einmal, aufs Neue.

Frontlinie: Geschwätzige Nachäffung von *frontline*, was die vorderste Linie ist, also die FRONT.

Get-together: Laut Langenscheidt «zwangloses Beisammensein», auch Zusammenkunft, Umtrunk, Stehempfang – modisch benannter Programmpunkt bei Kongressen; von Teilnehmern auch schon abfällig «die Herumstehe» genannt.

Gewittersturm: Geschwätzige Nachäffung von *thunderstorm*, «Donnersturm». Tausend Jahre lang waren die Deutschsprachigen mit dem GEWITTER zufrieden – dann wurden sie von der Einsicht überwältigt, dass das englische Wort uns zwinge, an das längst Gesagte (denn Gewitter ohne Sturm sind selten) auch noch den «Sturm» anzuhängen.

joggen soll «laufen» bedeuten, laut Duden «ein Fitnesstraining, bei dem man entspannt und in mäßigem Tempo läuft». Es heißt jedoch im Englischen ganz etwas anderes: zockeln, schlurfen, trotten, stiefeln, vorwärtsstolpern, sich fortschleppen – laut *Encyclopaedia Britannica* «move with a slow, jolting pace or trot». Die amerikanischen Propagandisten des *running* hatten den Alten und Hinfälligen das Schlurfen als Ersatzhandlung empfohlen. Ein junger «Jogger» ist also sprachlich eine lächerliche Figur. *Empfehlung*: Richtig übersetzen. LAUFEN.

Kreativität: Geblähtes Modewort für PHANTASIE. Deutsche Werbeagenturen haben die *creativity* ihrer amerikanischen Kollegen importiert und heften sie sich als Orden an, ebenso Modemacher und Verfertiger moderner Kunst. Eigentlich bedeutet Kreativität «Schöpferkraft», passt also gut zu Gott, dem *creator*, oder zu Michelangelo – weniger gut zu einem Chefgrafiker, der sich *creative director* nennt, also Direktor der Schöpfung. Gemeint ist im modischen Gebrauch überdies gerade nicht der Vollzug einer Schöpfung, sondern die Idee, wie sie vollzogen werden könnte. «Der ist kreativ» heißt praktisch: Der hat Ideen, dem fällt was ein.

Der Duden stufte Kreativität 1966 als «veraltet» ein, 1978 wie 1999 als «bildungssprachlich» (schief, denn nicht unter Gebildeten ist das Wort in Mode, sondern unter Werbern und Künstlern). Die Duden-Definition von *kreativ* lautet: «schöpferisch; Ideen habend und diese gestalterisch verwirklichend» (*habend!*)

Küstenlinie: Geschwätzige Nachäffung von *coast line*, dem Duden unbekannt, auf Deutsch die KÜSTE.

live: Lebendig, aktuell, direkt; im Deutschen zumal: in realer Anwesenheit. «Elton John live» heißt praktisch nur «Elton John ist da». *Live in concert*, Lieblingsfloskel deutscher Werber, sagt nichts anderes als «in concert» allein – denn wie anders als real sollte das stattfinden?

Das Deutsche Theater in München warb 2006: «Live from Las Vegas – The Rat Pack», mit der Feinheit, dass die drei, die sich so genannt hatten, schon tot waren (Sammy Davis seit 1990, Dean Martin seit 1995, Frank Sinatra seit 1998).

Netzwerk: Geschwätzige Nachäffung von *network*, was auf Deutsch in neun von zehn Fällen NETZ bedeutet: Das *railway network* ist *nicht* das «Eisenbahnnetzwerk». Das englische *net* ist nur ein Netz aus Garn (wie das Fischernetz), das deutsche *Netzwerk* in der Elektrotechnik eine Zusammenschaltung von Bauteilen oder Schaltelementen. Deutsche Zeitungs-, Radio- und Fernsehnachrichten verheddern sich in dem törichten -*werk* etwa 30-mal pro Tag.

nicht notwendigerweise: Geschwätzige Nachäffung von *not necessarily*, zu Deutsch: NICHT UNBEDINGT (4 Silben statt 6 englischer oder 7 deutscher).

Outsourcing: Englisches Kunstwort aus **out**side re**sour**c**es** us**ing,** Nutzung auswärtiger Quellen oder Möglichkeiten – schon für amerikanische Ohren so hässlich, dass die *New York Times* 1996 schrieb: «Wenn man vierzig Tage einsam im Zimmer säße und zu erraten versuchte, was *outsourcing* bedeuten soll – wie hoch wäre die Chance, dass einem dazu der Tycoon einfiele, der seine Mitarbeiter feuert, um von der Billigarbeit in anderen Ländern zu profitieren? Sprecht mit uns in schlichtem Englisch, unserer Muttersprache, möglichst in Wörtern mit einer Silbe!» Auf Deutsch wenigstens: AUSLAGERN (an Fremdfirmen), AUSGRÜNDEN (eine Tochterfirma erfinden, die die Arbeitnehmer zu verschlechterten Konditionen weiterbeschäftigt) oder AUSGLIEDERN.

Personalcomputer: Groteske Fehlübersetzung von *personal computer* – persönlicher, privater Computer. Wäre der Computer fürs Personal (wie das deutsche Wort es besagt), so müsste er *personnel computer* heißen. Englisch können wir also auch nicht.

realisieren heißt auf Deutsch VERWIRKLICHEN, in Realität umsetzen. Da aber *realize* «sich klarmachen, erkennen, begreifen» bedeutet, haben deutsche Mitbürger scharfsinnig gefolgert, dass auch das deutsche Wort umgepolt werden müsse («Realisierst du das nicht?»).

Rechte und Verantwortlichkeiten: Geschwätzige Nachäffung von *rights and responsibilities*, zu Deutsch RECHTE UND PFLICHTEN (5 Silben statt 8 englischer oder 9 deutscher).

recyceln, die ärgste Zumutung an ein deutsches Schriftbild, die Aussprache *rezützeln* nahe legend: AUFBEREITEN, WIEDERVERWERTEN. Ähnliche Ärgernisse bieten Verben wie *canceln, covern, downloaden,* (ich habe downgeloadet), *downsizen, outsourcen, updaten* (hat er upgedatet oder hat er geupdatet?).

Service Point: Mutwillige Verfremdung der AUSKUNFT durch die Deutsche Bahn. Hätte man den Schalter internationalisieren wollen, so wäre INFORMATION in viel mehr Sprachen verständlich gewesen als *Service Point*. *Empfehlung*: Protest bei der Bahn.

Showmaster: Pseudo-Anglizismus – ein in Deutschland erfundenes Wort für den Moderator einer Fernseh-Schau. (Würden wir ihn *Entertainer* nennen, so würden wenigstens die Englischsprachigen uns verstehen.) Das Englische kennt nur das Wort *show-man*: Das ist erstens ein Schausteller und zweitens ein Mensch, der mit einer Glocke am Hintern herumläuft. Vgl. *Dressman, Twen*.

Subkontinent: Schein-Übersetzung des englischen *sub-continent*, im englischen Sprachraum fast ausschließlich für *Indien* im Gebrauch und von deutschen Journalisten fast zwanghaft als Synonym für Indien verwendet (wie der «Dickhäuter» für den Elefanten und der «Urnengang» für die Wahl). Duden und Brockhaus definieren *Subkontinent* als größeren Teil eines Kontinents, der auf Grund seiner Größe und Gestalt eine gewisse Eigenständigkeit hat. Wer auf dem Globus unbefangen nach «Subkontinenten» suchen sollte, dem würde am ehesten Südamerika einfallen; vielleicht auch Europa, insofern als es geographisch ja eine Art Halbinsel von Asien ist. *Empfehlung*: abschaffen.

Technologie: Geschwätzige Nachäffung von *technology* – zu Deutsch: die TECHNIK. Wenn *Technologie* im Unterschied zur Technik *die Lehre* von der Technik wäre, müssten wir «Technologische Hochschulen» haben. Wenn *Technologie* die Gesamtheit unserer technischen Fähigkeiten und Möglichkeiten bezeichnet, gilt das Verdikt der Brockhaus-Enzyklopädie von 2006, «dass diese Begriffsbelegung gleichbedeutend mit Technik ist». Warum ist trotzdem die Technologie so beliebt, ja in Politik und Wirtschaft offenbar kaum auszurotten? Weil Technik auf Englisch *technology* heißt (*technique* ist ja die Methodik) – woraus scharfsinnige Köpfe die Erleuchtung gewannen, dass *technology* auf Deutsch nur «Technologie» heißen könne. Und wohl auch, weil *Technologie* zwei Silben länger ist, pompöser klingt und den Schraubenschlüssel vergessen lässt, der natürlich dazugehört (zur Technik wie zur Technologie). Fazit: Die Technologie ist ein Bastard, eine klassische Albernheit der freiwilligen Sprachunterwerfung. *Empfehlung*: abschaffen.

Twen: Pseudo-Anglizismus – eine Erfindung der deutschen Textilindustrie, die um 1960 auf diese Weise versuchte, eine Altersgruppe einzugrenzen, der sie die für sie produzierten Kleidungsstücke verkaufen wollte. Im englischen Teil des Langenscheidt ist das Wort nicht enthalten – im deutschen wird es für Englischsprachige mit «person in his/her twenties» übersetzt. *Empfehlung*: abschaffen. Vgl. *Dressman, Showmaster.*

Walking: Dem Duden von 1981 unbekannt; laut Duden 1999 «intensives Gehen (als sportliche Betätigung)». Im englischen Wort ist das Intensive *nicht* enthalten: *to walk* heißt gehen, spazieren gehen, wandern, sogar lustwandeln, promenieren. *Nordic Walking*: sportliches Gehen unter Verwendung von Gehstöcken – «nordisch», weil es in der Tat von der finnischen Gehstock-Industrie propagiert wird. *Empfehlung*: SPORTWANDERN. Was riet ein deutscher Arzt 2006 in den RTL-Nachrichten seinen deutschen Mitbürgern, wenn sie fett sind? «Walking, Nordic Walking oder Inline Skating.»

Wellness: Nur in den USA und Deutschland gebräuchlich; Langenscheidt, Muret-Sanders und das Oxford Dictionary kennen allein *well-being*, das Wohlbefinden eben. Auch der Duden von 1981 registrierte das Wort nicht; Duden 1999 definiert es als «durch (leichte) körperliche Betätigung erzieltes Wohlbefinden» (falsch: Das Verwöhntwerden in totaler Passivität ist mindestens genauso populär). *Empfehlung*: sich klarmachen, dass ein interessiertes Gewerbe mit dem englischen Wort mehr zu verdienen hofft. (Siehe Seite 154)

West Bank: Da es in Düsseldorf eine WEST-LB gibt, könnte man sie für eine Westbank halten. Sie soll aber Westbänk gesprochen werden und *Westufer* bedeuten,

zumal das Westufer des Jordans in Palästina, das WEST-
JORDANLAND. In der *Zeit* war 1997 vierzehnmal von der
West Bank die Rede, besonders erhellend in der Wort-
folge: «Investitionen in der West Bank, getragen von der
Weltbänk».
Fazit: Schamlos.

11
Anglomania Analysts

Wenn der Stellenteil einer großen Zeitung *Corporate Communications Managers* und *Senior Key Account Managers* sucht, aber auch *Human Resources Consultants, Senior Technical Support Engineers* und *Supply Chain Process Analysts* – dann ist klar, dass es sich um eine deutsche Zeitung handelt *(FAZ* 2007), in der deutsche Firmen um deutsche Mitarbeiter werben.

Warum nicht, falls sich die richtigen Leute darauf melden! Sie kennen sich dann auch aus, wenn sie intern die Personalabteilung nur als *Human Resources Department,* die soziale Verantwortung des Unternehmens als *Corporate Social Responsibility* und das Einkommen der Vorstandsmitglieder als *Executive Compensation Arrangements* kennenlernen. Die Außendienstmitarbeiter erfahren die Neuigkeit, dass sie *face to the customer* arbeiten, und in der Mitarbeiterzeitung darf ein Vorstandsmitglied beichten, dass es «die *soft skills* des Lebens» von seiner Großmutter erlernt habe (ein anderes, dass es sich am Wochenende bei «gärtnerischen Aktivitäten» erhole).

Was ist das Lieblingsspielfeld des *Financial Engineering?* Klar: «Wenig kapitalintensive *Overlay*-Mandate für aktives Währungs-Management und *Global Tactical Asset Allocation*, marktneutrale *Absolute-Return*-Strategien – und der letzte Schrei: *Portable-Alpha*-Strategien.» Wie heißen die 13 «Produktlinien», die ein *Governance*-Handbuch bei Siemens 2007 geregelt hat? *Enterprise Optimization* beispielsweise, *Image-Based Identification* oder *Integral Plant Maintenance.* Wenn aber die TU München in Zusammenarbeit mit der Bertelsmann Stiftung einen Weiterbildungsstudiengang «Communicate» anbietet, dann offenbar für Studenten, die ausschließlich in englischsprachigen Ländern kommunizieren sollen – denn der Lehrplan enthält nicht ein deutsches Wort. *Strategic Concepts and Planning Methods of Corporate Communication*, liest man da, auch *Corporate Identity and Corporate Design*.

Das ist fast Standard in der deutschen Wirtschaft 2007. Auch in der Schweiz: «Novartis» bezeichnet den *Community Partnership Day* als wichtigen Teil des *Corporate-Citizenship*-Gedankens; die Frage ist nur, wie viele Basler Citizens dem Konzern dabei sprachlich folgen können.

Ob der Anglo-Wahn nicht überhaupt ein paar Nachteile hat? Ja, sagt Helmut Maucher, Ehrenpräsident von Nestlé, und kritisiert den «Management-Speak». Ja, sagte 2006 eine Gruppe von 1858 deutschen Studenten der Volks- und Betriebswirtschaft: Sie wandten sich gegen die vielen «aufgesetzten, ja affigen Anglizismen» und die «Namenskosmetik», die damit oft einhergehe – mit Tiefpunkten wie *Customer Relationship* für Kundenbeziehung und *Downsizing* für Personalabbau. Statt der *Unique Selling Proposition*, die deutsche Markforscher ins Schwärmen bringt, schlagen sie gar «Alleinstellungsmerkmal» vor. Alleinstellung würde oft genügen – noch dazu kürzer als der englische Begriff, wie so oft.

Den gigantischen finanziellen Misserfolg der Verschmelzung von Daimler und Chrysler führen viele Insider nicht zuletzt darauf zurück, dass die Konzernsprache Englisch die deutschen Mitarbeiter am vollen Ausdruck ihrer Wünsche, Sorgen und Ideen gehindert habe. Zu den Gründen, warum die riesige Walmart-Ladenkette in Deutschland gescheitert ist, zählte der Londoner *Econo-*

mist die Tatsache, dass die deutschen Manager miteinander nur noch Englisch sprachen.

Das *Handelsblatt* gönnte «Deutschlands meistgelesenem Management-Autor», dem Historiker und Psychologen Reinhard Sprenger, 2006 eine ganze Seite für einen Generalangriff auf die Anglo-Hörigkeit deutscher Unternehmen, die er als «freiwillige Selbstunterwerfung» geißelt. «Man bildet sich ein, Fähigkeiten zu haben, die man noch nie hatte, zum Beispiel: eine Nicht-Muttersprache perfekt zu beherrschen. Man wähnt sich modern und ist eigentlich naiv. Man glaubt sich auf der Höhe der Zeit und ignoriert sein biologisches Gepäck. Der Irrsinn geht in manchen amerikanischen Unternehmen so weit, dass sich Deutsche mit Deutschen auf Englisch verständigen ... Die Auswirkungen auf unser wirtschaftliches Handeln sind fatal.»

Schärfer sagt es der Schweizer Schriftsteller Urs Widmer: «Die mit Anglizismen durchsetzte Sprache der globalen Wirtschaft ist eine Siegersprache mit präfaschistischen Zügen. Sie hat militärischen Klang, kommt aber im Maßanzug daher.»

Ein geiles Iwent

Lieblingswörter der Wirtschaft: Törnaround, Bissiness, Ventschakäppitl. Schöne Wörter sind anders, aber was sind schöne Wörter? Lächelmund, Tatensturm, Sternenall? Die stammen von Goethe, aber so mancher wird wohl ein geiles Iwent vorziehen.

Süddeutsche Zeitung,
«Streiflicht» (2004)

What we him wish

Für alle, die Alexander Vogt aus den Augen verloren haben und gern wüssten, was er so treibt, hier eine ihn betreffende Presse-Information: «Alexander Vogt, Director of Sales Central Europe von Ariba, einem der weltweit größten Anbieter von Spend Management- und SRM-Lösungen, wechselt zur Supply Chain Management-Beratung Brain-Net. Dort wird er künftig die Practice Best Cost Country Sourcing leiten.» What we him wish? Good luck natürlich.

Hermann Unterstöger,
Süddeutsche Zeitung (2007)

Englisch – und kaputt

Astor, Blue C Consulting, Brainpool TV, Buch.de internet-stores, Comroad, Conduct, Cybernet Internet Services, Digital advertising, Ebookers, eJay, F.A.M.E., Feedback AG, Gigabell [folgen die Namen von 8 weiteren Unternehmen] ... Das sind alles an der deutschen Börse notierte mehr oder weniger große Firmen. *Sie haben vier Dinge gemeinsam*: (1) Es sind deutsche Firmen, (2) sie haben in erster Linie deutschsprachige Kunden, (3) sie geben sich dennoch englische Namen (und reden auch sonst mit ihren Kunden vorzugsweise Englisch), und (4) sie sind alle heute pleite.

Prof. Walter Krämer, Vorsitzender
des «Vereins Deutsche Sprache»,
in: *Betriebslinguistische Beiträge*
(2004)

Internes Firmen-Deutsch

Hallo, Frau X,

anbei die gewünschten Seiten. Wir raten nochmals eindringlich davon ab, die *Demand*-Liste aus dem *Rebriefing* erneut zu thematisieren. Wir haben in mehreren *Steps* über einen langen Zeitraum zuerst die *Demands* entwickelt und festgelegt, dann diese mit Themen besetzt. In diversen Rebriefings wurden dann gemeinsam die wichtigsten Themen festgelegt und den *Demands* zugeordnet. Dieses *Common Agreement* ist die Basis der Entwicklung des Kommunikationskonzeptes. Bitte machen Sie Ihre Priorisierung oder Ihre Auswahl der *Wellness-Demands* anhand der aktuellen Themenmatrix. (Deutschland 2007)

Wie man in Deutschland isst

Mit Inhaltsstoffen auf natürlicher Basis und *Know-how* für gesunde Ernährung bieten wir Produkte, Rezepturen und *marketing-orientierte* Konzepte für Nahrungsmittel und *Functional Food*, von pflanzlich basierten Sterolen über Pflanzenextrakte und Misch-Carotinoide bis zu Produkten zum aktiven *Body-Composition-Management: Dietary Supplements, Pharmaceuticals & Healthcare, Food Technology, Functional Food & Medical Nutrition.*

Selbstdarstellung eines deutschen Herstellers (2007)

Firmen-Slang in USA
(zur Anregung)

Bio-brake, Bio-Pause: Pinkelpause in Sitzungen.

Bleeding cash, Geldbluten: Geld, das in einem Unternehmen ausgegeben wird, ohne dass man weiß, wofür.

Burning rate, Verbrennungsrate: Maßeinheit für hohe Verluste.

Emotional baggage, emotionales Gepäck: Personal, das entlassen werden soll.

Master of the obvious, Meister des Offensichtlichen: Sitzungsteilnehmer, die durch Null-Aussagen wie «den Kunden ins Zentrum stellen» auffallen.

No-brainer, kein Hirn: im Schlaf gelöstes Problem.

No free lunch, kein Gratis-Mittagessen: nichts ist umsonst, auch wenn es vorerst danach aussieht.

Quick-and-dirty, schnell und schmutzig: schnelles Handeln ohne Rücksicht.

tbd, Kürzel für «to be defined», noch zu klären: in Personal-Organigramme eingesetzt, um im mittleren Management für Unruhe zu sorgen.

Zombies, lebende Tote: Mitarbeiter, die unbrauchbar sind.

Benno Maggi/Mikael Krogerus in
der *Neuen Zürcher Zeitung* (2006)

12
Netspeak und Diggibabble

Noch konsequenter als die Mountainbiker und die Snowboarder (Kapitel 9) haben sich die Computer-User aufs
Englische eingeschworen, und das mit erheblich besseren
Gründen – und mit größeren Nachteilen. Einerseits: Da
kommen nun mal seit Jahrzehnten fast alle Neuerungen
aus Amerika, Englisch ist die dominierende Sprache des
Internets, und etliche der Fachwörter wären nicht leicht
zu übersetzen. Andrerseits: Das Bergrad und der Monoski
beschäftigen nur zwei ziemlich kleine Minderheiten – vor
dem Computer gibt es kein Entrinnen. Immerhin, ein er-
heblicher Teil des Vokabulars ist deutsch geblieben:

Anwendung	Papierkorb
Arbeitsoberfläche	Schnittstelle
Arbeitsspeicher	Speicherkarte
Betriebssystem	anklicken
Datei	löschen
Drucker	sichern
Festplatte	speichern
Laufwerk	herunterladen
Ordner	(dies freilich im
	Streit mit *downloaden*)

Auch tut das Wort *hacker* uns den Gefallen, sich wie
ein deutsches zu schreiben und aussprechen zu lassen, und
wenn wir *das Tool* sagen, obwohl *the tool* doch ebenso *der*
oder *die* bedeuten könnte, dann schaut *das* Werkzeug frech
unterm Tisch hervor. (Zur Abwechslung könnte man ja
mal *the werkzeug* schreiben.)

Manchmal übersetzen wir sogar: richtig bei der *mouse*,

die wir als «Maus» erkannt haben – falsch beim *Personal Computer*, der gerade nicht fürs Personal, sondern für uns selber ist (S. 71). Den *Computer* könnten wir jederzeit «Rechner» nennen, mit der oft überlegenen Kürze des Deutschen, in der Bedeutung absolut identisch, historisch mit Blick auf Konrad Zuse völlig legitim – und gerade unter Informatikern gang und gäbe. *Compute* heißt rechnen, berechnen, und das elektronische Verarbeiten der Daten wird im *Computer* so wenig ausgedrückt, wie es im *Rechner* hervorgehoben werden müsste.

Die *Aktion «Lebendiges Deutsch»* (Kapitel 20) hat außer dem Rechner auch folgende deutsche Wörter empfohlen:

display	= Sichtfeld
e-commerce	= Netzhandel
homepage	= Startseite
laptop	= Klapprechner
online / offline	= im Netz / vom Netz
website	= Netzauftritt

Die Zeitschrift *ComputerBILD*, auf diesem Feld Europas größte, benutzt unter anderen folgende deutsche Wörter statt der üblichen englischen:

domain	= Internetadresse
harddisk	= Festplatte
keyboard	= Tastatur
performance	= Leistung
scannen	= einlesen
storage	= Speicher
surfen	= durchblättern
web	= Netz

Es gibt also Anzeichen dafür, dass die digitale Zwangsehe mit dem Englischen sich ein wenig lockert; von Scheidung ist ohnehin nicht die Rede. Die hemmungslose Verwendung des angelsächsischen Fachvokabulars hat ja fünf Nachteile.

1. Sprachprodukte wie das folgende (aus einem deutschen Unternehmen, 2007) liest auch der Fachmann nicht ganz leicht:

> Eine Reihe von *Think Vantage Technologien,* darunter die *Think Vantage Configuration Utility,* der *Powermanager* und die Anwendung *Access Connections* sind unter dem SUSE *Linux Enterprise Desktop 10* Betriebssystem verfügbar. Die *Configuration Utility* hilft dem Nutzer, *Hardware*-Komponenten zu kontrollieren und zu verwalten. Der *Powermanager ...*

Auf 15 englische Substantive treffen da vier deutsche (Anwendung, Betriebssystem, Nutzer, Komponenten), dazu der Anglizismus *Technologie* (S. 72).

2. Wenn die 30-jährigen Computer-Spitzenkräfte zweier deutscher Unternehmen auf der Höhe der neuesten Entwicklungen miteinander kommunizieren, so erschweren sie möglicherweise den 50-jährigen Vorstandsmitgliedern den Zugang, die die Entscheidungen fällen. Der Chef einer der größten deutschen Software-Firmen verlangt mit diesem Hinweis von seinen jungen Genies, ihren englischen Überschwang zu dämpfen.

3. Das Fachchinesisch schreckt jene Millionen Deutschen vom Kauf eines Computers ab, die für ihn am ehesten noch zu gewinnen wären: die über 60-Jährigen. Einigen Firmen gibt das zu denken.

4. Der deutsch-amerikanische Nestor der Computerwissenschaft, Joseph Weizenbaum, sagte in einem Interview mit der *Wirtschaftswoche*: «Jeder Mensch denkt in seiner eigenen Sprache mit den nur ihr eigenen Nuancen.

Die Sucht vieler Deutscher nach englischen Sprachbrocken erzeugt dagegen Sprachgulasch. Ideen können so nicht entstehen.» Das sei vermutlich einer der Gründe für den Rückstand der deutschen EDV-Fachleute gegenüber den amerikanischen.

5. Selbst englischen Muttersprachlern macht der Schwall der immer komplizierteren Begriffe zu schaffen: Aus England zumal wird von Beschwerden über den Jargon der Betriebshandbücher berichtet. In den USA wird er längst als *Diggibabble* verspottet – im Unterschied zum *Netspeak* oder *Weblish*, der Sprache, die in E-Mails dominiert: ebenfalls voll von Fachjargon, aber frei von allen Rücksichten auf Grammatik, Stilistik und Sprachökonomie.

Fazit: Sich modischen Übertreibungen zu verweigern, ist nie ein Nachteil – auch nicht, sich einer Sprache zu bedienen, die möglichst vielen Mitmenschen verständlich ist. Der «Rechner» kann dem Computer jederzeit das Wasser reichen, und aus *software* endlich «Programm» zu machen wird höchste Zeit.

Software für Softies

Selbst *Hardware* und *Software,* die Eckpfeiler der Computersprache, sollte man mit einem Fragezeichen versehen: Es handelt sich, sehr einfach, um *Geräte* und *Programme* – ja, beide Wörter haben gegenüber der bloß harten oder weichen Ware ihre Vorzüge.

Ware heißt ursprünglich die Ware, der Artikel, das Erzeugnis, zumal das Geschirr.

Hardware hieß ursprünglich nur – und heißt heute zusätzlich immer noch: Eisenwaren, Haushaltsgeräte, im Slang auch «Schießeisen»; kuriose Nebenbedeutungen, die das Wort *Gerät* nicht hat (Konrad Zuse benutzte es).

Software, eigentlich nur «Weichware», ist in der Frühzeit des Computers in Amerika als Gegenstück zur *hardware* einfach erfunden worden: alles, was nicht hart, nicht zum Anfassen ist – also «im allgemeinen Sprachgebrauch: Programme» (Brockhaus 2006), unterteilt in *Anwendungssoftware* und *Betriebssysteme* (ComputerBILD: *Betriebsprogramme*).

«Geräte und Programme» klingen in deutschen Ohren sogar besser als *hardware* und *software* in amerikanischen: Die *hardware* teilt sich der Computer ja nach wie vor mit dem Schraubenzieher und der Zitronenpresse – aber das ist noch gar nichts gegen *soft*. Das heißt nicht einfach «weich», sondern ebenso: sanft, lieblich, zärtlich, nachgiebig, mitfühlend, weinerlich, liebedienerisch, auch butterweich, verweichlicht, schlapp, beschränkt, vertrottelt. Der *softhead* ist ein Narr, *soft roll* ein Mädchen, das leicht zu haben ist, *soft soap* die Schmierseife, aber auch die Schmeichelei und der *Softie* (gern ins Deutsche übernommen) ein Schwächling, Waschlappen, Weichei, Einfaltspinsel.

Kurz: Ausgerechnet den Computer mit einem so schillernden, schmierigen, ausgefransten Begriff zu behelligen, ist nicht gerade die Krone des englischen Sprachgefühls (wenn es nicht überhaupt ein Witz angetrunkener Computer-Freaks unter der Sonne Kaliforniens war) – und ausgerechnet diese Wortblase zu importieren kein besonders schlauer Anglizismus.

Die Franzosen haben es klüger gemacht: Aus *la logique* (die Logik) und *le logicien* (der Logiker) haben sie *le logiciel* abgeleitet, das logisch Operierende – bravo! (Mehr dazu in Kapitel 21). Und die *hardware* nennen sie genau so, wie sie auf Deutsch heißen könnte: *le matériel*, das Gerät.

Der Techno-Schwurbel

Was wird auf der Cebit nicht wieder alles *geupdated* werden, zu was allem wird man sich in Hannover wieder *committen*? Und ganz bestimmt werden wieder «TV-Bilder in höchster *Definition*» wenn nicht zu sehen, so doch zumindest im Gespräch sein. Gegen den englisch prunkenden Techno-Schwurbel ist nicht so leicht zu Feld zu ziehen, schon gar nicht, indem man dem Volke aufs Maul schaut. Dann reduziert sich zimmerbreites HDTV nämlich auf ein aus der Tiefe des Bierbauchs kommendes: «Boah-ej, knackscharf!»

Frankfurter Allgemeine (2007)

13
Volkswaggon am Service Point

Das Auto ist des Deutschen liebstes Kind und Deutschlands berühmtester Exportartikel. An deutsche Kunden in Deutschland wird es folglich verkauft in den Modellen *Trendline, Highline, Sportline* und *Comfortline,* auch als *Roadster, Offroader* oder *Van,* in Farben wie *Shadow Blue, Granite Green* oder *Arctic Blue Silver,* auf Wunsch mit *Adaptive Cruise Control, Fuel Stratified Injection* oder *Keyless Entry Start Exit System.*

Auf der Volkswagen-Hauptversammlung 2006 trug ein Kleinaktionär dies unter zunehmendem Gelächter vor. Der Vorstandsvorsitzende erwiderte gönnerhaft, das sei zwar unterhaltsam gewesen, verkenne aber die Erfordernisse des internationalen Geschäfts. Ein Unternehmenssprecher fügte hinzu, VW benutze «vereinzelt» englische Bezeichnungen, «um besonderen Ausstattungen eine besondere Aufmerksamkeit zu widmen»; die Kunden verständen sie sowieso.

Das ist doppelt falsch: Verständlich sind sie durchaus nicht allen, und Aufmerksamkeit soll manchmal gerade abgelenkt werden, beim *Airbag* beispielsweise – davon, dass der Sack durchaus keine Luft enthält, sondern Stickstoff und einen pyrotechnischen Gasgenerator (Kapitel 20).

Wenn aber wirklich die Internationalität regierte: Dann würden Autos in Frankreich oder Spanien also mit denselben englischen Fachwörtern angeboten werden wie in Deutschland? Niemals kann ein Unternehmen das riskieren, ob aus Deutschland oder USA: Was nicht spa-

nisch bezeichnet wird, lässt sich in Spanien nicht verkaufen.

Womit ein Teil der automobilen Albernheiten freilich
an den deutschen Kunden hängen bleibt: Sie sind, wie die
meisten Deutschen, *nicht* stolz auf ihre Sprache, sondern
stolz auf ihre Fähigkeit, mit überflüssigem und zumeist
schlecht ausgesprochenem Englisch Weltläufigkeit zu demonstrieren. Braucht das Auto einen Motor, wenn wir
doch *engine start/stop* lesen können? Was soll uns noch der
Kundendienst, da der *After Sales Service* viel cooler und
dazu drei Silben länger ist? *Adaptive Shift Strategy* (VW)!
High Precision Injection, Dynamic Performance Control
(BMW)! Und wenn Opel für seinen neuen Geländewagen
«Antara» 2006 mit dem Spruch *Explore the City Limits*
warb, so muss er auf jene 60 Prozent der Deutschen gezielt
gewesen sein, die nicht Englisch können – denn die anderen lasen: «Erforschen Sie die Stadtgrenzen». Wie bitte?
Sollte der Antara schon für Landstraßen untauglich sein?
Open your mind! So warb Daimler 2007 für die Neuversion
seines Kleinwagens «Smart».

Die Deutsche Bahn hat ihren Mind schon 1971 ge-
opened: Da erfand sie für ihre neuen Schnellzüge den
Pseudo-Anglizismus *Intercity* – im Englischen nicht vorgesehen; offenbar um die dürftige Überraschung aufzu-
putzen, dass die meisten Züge seit hundertfünfzig Jahren
zwischen Citys verkehren. 1995 führte die Bahn nicht etwa
die Bahnkarte, sondern den deutsch-englischen Zwitter
Bahncard ein.

Richtig produktiv aber wurde sie erst in den letzten Jahren: Da sah sich die Auskunft in den *Service Point* verwandelt, der Internet-Anschluss im Zug wird als *Surf & Rail*
verkauft, Radfahrer sollen sich der Kombination *Bike &*

Bahn bedienen, und ein neues Nachtzugsystem zwischen Deutschland, Österreich und der Schweiz muss natürlich *City Night Line* heißen. «Wer Fahrkarte sagt, der *tickett* nicht mehr richtig», schreibt der Richter und Schriftsteller Herbert Rosendorfer.

«In Bahnhöfen und Flughäfen ist Deutsch mittlerweise Randsprache geworden», stellte die CDU/CSU-Fraktion des Bundestags im März 2007 fest. Englisch zusätzlich, natürlich – «unverständlich und unzumutbar wird es für viele Einheimische jedoch dadurch, dass inzwischen ausschließlich in Englisch beschriftet oder beworben wird», bei der Bahn zum Beispiel mit *DB Carsharing* oder *Call a Bike Standort.* «Auch bei Gebrauchsanleitungen oder im Bankverkehr (*Online Banking*) hat die Verwendung von Anglizismen ein Ausmaß angenommen, das einen Teil unserer Bevölkerung verunsichert und ausgrenzt. Unkenntnis, Hilflosigkeit und Angst vor Bloßstellung sind die Folgen.»

Daher fordert die CDU/CSU einen «erweiterten Verbraucherschutz». Es müsse wieder selbstverständlich werden, «dass man sich als Verbraucher in Deutschland mit dem Beherrschen ausschließlich der deutschen Sprache zurechtfindet». Dafür müsse die Bundesregierung dreierlei tun: erstens in allen von ihr verantworteten Texten ein Vorbild sein; zweitens «als Anteilseigner, Genehmigungsbehörde oder Investor» dafür sorgen, dass in Bahnhöfen, Flughäfen und öffentlichen Gebäuden für Schilder und Leitsysteme «die deutsche Sprache zwingend genutzt wird»; drittens in der Wirtschaft darauf dringen, dass Verträge, Formulare, Rechnungen, Betriebsanleitungen und Garantieversprechen mindestens *auch* deutsch geschrieben seien.

Die Deutsche Bahn erklärte sich im Mai 2007 in einem Gespräch mit den Initiatoren bereit, «in den kommenden Monaten Vorschläge für eine anwendbare und verständliche deutsche Sprache zu erarbeiten» (was sie nicht hinderte, im Juli 2007 in Inseraten ihre *Mobility Networks Logistics* anzupreisen). Sehr nett und ziemlich spät – denn eben solche Vorschläge hat Dr. Martin Luther erarbeitet, vor fast 500 Jahren und nicht ohne Erfolg.

Die Deutsche Post bezog 2002 in Bonn ihren *Post Tower* («Turm» wäre kürzer gewesen, wieder mal) und hat ihre sämtlichen Abteilungen und Tätigkeiten englisch benannt: *Market Research Service Center* zum Beispiel, *Corporate Information Solutions* oder *Value Added Services*, und wer daran etwas verbessern möchte, der kann sich getrost dem Bonner *Improvement Initiative Team* anvertrauen. Pflegt dieses Team vielleicht «die kenntnislose Aneignung englischer Wendungen zu dekorativen Zwecken», wie die *Zeit* 2007 solches Streben nannte?

Das Outfit für den Court

Wir müssen den Menschen mit unserer Sprache wieder mehr Sicherheit vermitteln. Das fängt damit an, dass im öffentlichen Raum so gesprochen wird, dass alle das allermeiste verstehen können. Wir können schlecht von Zuwanderern erwarten, dass sie Deutsch lernen, wenn sie auf Bahnhöfen am «Service Point» über «Surf & Travel-Kurztrips» informiert werden, wenn beim Tennis der «Court» nur im richtigen «Outfit» betreten werden kann oder dem

«Main-Course» im Restaurant auf jeden Fall ein «Appeti-
zer» voranzugehen hat.

Jürgen Rüttgers, Ministerpräsident
von Nordrhein-Westfalen, in der
Zeitschrift *Mut* (2007)

T-Com XXL Fulltime

Der in Hessen tätige Kabelfernsehnetzbetreiber *iesy* ver-
sorgt nach eigenen Angaben 1,2 Millionen angeschlossene
Haushalte. Das Unternehmen ist laut Firmendarstellung
«für die Zukunft gut aufgestellt» und bietet an:

> iesy tividi *komplett* plus arena
> iesy tividi family
> iesy tividi free
> T-Com XXL Fulltime / i-Net
> T-Online dsl flat
> T-Com Call *Plus* / T-Net
> Freenet DSL 6000
> iPhone flat *bei* Internet-*Telefonie*
> 3play net.fon.tv
> Wireless-LAN Router
> Freenet DSL City-flat.

Komplett – plus – plus – bei – Telefonie … fünf deutsche
Wörter, immerhin. (Zitiert nach *Sprachnachrichten*, 2007)

«Die Schweizer Post ...

... macht mobil gegen Anglizismen», schrieb das Zürcher Magazin *Facts* im März 2007. Die Regierung in Bern, der Bundesrat, hatte in ihrer Antwort auf eine parlamentarische Anfrage festgestellt, sie empfinde die Anglizismen der Post als «störend» und bedaure, dass ihr die Weisungsbefugnis fehle, *alle* «exotischen Namen» zu tilgen.

Ulrich Gygi, Direktor der Schweizer Post, stellt sich voll hinter die Regierung. Das «Zurückbuchstabieren» ist im Gange. Umbenannt wurden bereits zum Beispiel:

Air Conditioning in	Klimaanlage
Back-up	Sicherheitskopie
Keyboard	Tastatur
Leadpoststelle	Hauptpoststelle
Public Relations	Öffentlichkeitsarbeit

14
Prof. Dr. Unbeholfen

BSE, in der Landwirtschaft der Rinderwahnsinn, ist zugleich die akademische Abkürzung für eine andere Krankheit, die zumal in Deutschland um sich greift: *Bad Simple English*, Simpel-Englisch: das, was die Mehrzahl jener deutschen Wissenschaftler spricht, die sich des Englischen zu bedienen versuchen – ob dies geboten ist oder nicht. Klingt es allzu simpel, so wird es auch als *Academic Pidgin* verspottet und streift die unfreiwillige Komik.

Denn wie reden deutsche Professoren miteinander – und sogar mit den Saaldienern? In lausigem Englisch. Jedenfalls wenn sie für die *Deutsche Forschungsgemeinschaft* tätig sind, die Selbstverwaltungseinrichtung der Wissenschaft zur finanziellen Förderung der Forschung in Deutschland und zur Pflege der Zusammenarbeit unter den Forschern. Der Münchner Molekularbiologe Prof. Ralph Mocikat hat in den *Sprachnachrichten* 2006 «sein besonderes Erlebnis» bei einer sogenannten *Begutachtung* der Forschungsgemeinschaft beschrieben, «bei der nicht nur die schriftlichen Anträge in englischer Sprache eingereicht werden mussten, sondern auch die mündlichen Vorträge der ausschließlich deutschsprachigen Antragsteller vor einem ausschließlich deutschsprachigen Gutachtergremium englisch sein mussten. Dies war nicht nur peinlich, weil etwa in bayerischem, schwäbischem oder sächsischem Englisch referiert wurde. Entscheidend waren vielmehr die inhaltlichen Unklarheiten, welche durch falsche Aussprache und durch Unkenntnis semantischer Feinheiten notwendigerweise zustande kamen.»

«Es zeigte sich wieder einmal», fuhr Mocikat fort, «dass kreatives Denken in der Muttersprache verwurzelt ist und dass komplexe Zusammenhänge in einer Fremdsprache oft nur in entstellter Form mitgeteilt werden können. Erneut wurde offenbar, dass Englisch in all seinen Nuancen eine schwierige Sprache ist – einem verbreiteten Vorurteil zum Trotz und der Selbstüberschätzung vieler Wissenschaftler hinsichtlich ihrer fremdsprachlichen Kompetenzen zum Hohn.»

In der Regel verfügten deutsche Muttersprachler nur über «ein stereotypes und erstarrtes Vokabular, worüber gerade englische Muttersprachler in renommierten Fachzeitschriften schon mehrfach Klage geführt haben. Größere Schwierigkeiten ergeben sich, wenn der Diskurs sich auf Bereiche ausdehnt, die jenseits des Gartenzaunes der eigenen Forschungsthematik angesiedelt sind. Ungelenke Umschreibungen müssen da bemüht werden.» (So wurde aus dem «Berichterstatter» *the person who carries the information to Bonn*.)

«Selbst wenn dem Saaldiener signalisiert werden soll, dass das Licht dunkler gestellt werden soll, geschieht dies in holprigem Englisch. Die Szenerie gerät zu einem Kabarett, wenn in der Vortragspause deutsche Wissenschaftler im Zweiergespräch weiterhin auf Englisch radebrechen. Die ‹Internationalisierung› wird zur Infantilisierung. Der Beobachter schwankt zwischen Belustigung und Verzweiflung. Er wähnt sich in einem Tollhaus, kann aber nicht erkennen, ob er noch zu den Wärtern oder schon zu den Insassen gehört.»

So weit Prof. Mocikat. Er ist Mitglied des *Arbeitskreises Deutsch als Wissenschaftssprache*, der sich vorgenommen hat, gegen die gefährliche und zum Teil lächerliche Dominanz des Englischen in der deutschen Wissenschaft vorzugehen. Dem Arbeitskreis gehören ferner an: Prof. Hans-Olaf Henkel (Präsident der Leibniz-Gesellschaft und ehemaliger Präsident des Bundesverbands der Deutschen Industrie), Josef Kraus (Präsident des Deutschen Lehrerverbands), Prof. Christian Meier (ehemaliger Präsident des Verbands deutscher Historiker und der Deutschen Akademie für Sprache und Dichtung), Gesine Schwan (Präsidentin der Europa-Universität in Frankfurt/Oder) und viele namhafte Professoren mehr.

Selbstverständlich, stellen die Autoren in ihren *Leitlinien* fest, müsse jeder Wissenschaftler seine Ergebnisse auch in englischer Sprache präsentieren. Es sei jedoch eine Entwicklung im Gange, «die auf eine völlige Abschaffung der Landessprache auch im internen Wissenschaftsbetrieb hinausläuft». Und das habe gravierende Nachteile.

Schon jetzt werde die deutsche Fachsprache nicht weiterentwickelt oder gerate in Vergessenheit – mit der Folge, dass das Deutsche seine *Wissenschaftstauglichkeit* einbüße. Die Verbannung einer Sprache aus ganzen Wissensgebieten bedeute «geistige Verarmung und Selbstaufgabe der Sprecher. Eine Sprache ist in ihrem Kern bedroht, wenn sie gerade die zukunftsweisenden Bereiche nicht mehr zu erfassen vermag.» Es sei die Muttersprache, die für das Begreifen, Benennen und Mitteilen neuer Wirklichkeitsbereiche «die treffendsten Wörter und die anschaulichsten Bilder bereitstellt».

Die Flucht ins Englische, heißt es weiter, erschwere überdies den Gedankenaustausch innerhalb der deutschen Wissenschaft: Komplexe Zusammenhänge könnten deutsche Wissenschaftler auf Englisch oft nur ungeschickt vermitteln und eingeschränkt verstehen. Zugleich werde damit der Ruf geschädigt, den der Forschungs- und Ausbildungsstandort Deutschland im Ausland habe. «Vorlesungen, die von deutschen Muttersprachlern auf Englisch gehalten werden, wirken meist unbeholfen: Darunter leidet nicht nur die Qualität der Lehre. Insbesondere vermittelt der Gebrauch der englischen Sprache den Eindruck, man könnte in Deutschland neue Ideen nicht mehr als Erster aussprechen. Ein solches Land wird für Studenten und Wissenschaftler anderer Nationen uninteressant. Immer mehr studieren, forschen und lehren daher lieber gleich beim angloamerikanischen Original.»

Noch dazu schließe der Verlust einer wissenschaftstauglichen Sprache viele Bürger «von der Teilhabe und der Mitsprache an wichtigen Entwicklungen aus». Wissenschaftler seien aber der Öffentlichkeit verantwortlich und hätten gegenüber dem Steuerzahler eine Bringschuld zu erfüllen. Umgekehrt werde die Wissenschaft «neue Fragestellungen, die sich aus dem gesellschaftlichen Umfeld ergeben, nicht wahrnehmen können».

Diesen Einwänden fügt der *Arbeitskreis* einen weiteren, komplizierteren, aber den vielleicht wichtigsten hinzu: «Jede Sprache bildet die Erfahrungswelt in einer spezifischen Sprache ab, sie ist ein Spiegel des Weltverständnisses. Die Vorstellungen von der Wirklichkeit werden durch Wortschatz, Begrifflichkeit und Struktur der Sprache geprägt. Wissenschaft und Forschung leben von riskanten und konkurrierenden Hypothesen, von eigenständigen schöpferischen Ideen, von Visionen und von Eingebungen. Wer die Verwurzelung in der eigenen Muttersprache aufzugeben gewillt ist, der kündigt auch seine Mitarbeit an der inhaltlichen Gestaltung seiner Disziplin auf. Wir werden unserer wissenschaftlichen Produktivität langfristig schweren Schaden zufügen, wenn wir fortfahren, unsere Muttersprache konsequent aus dem Erkenntnisprozess auszublenden.»

So weit der Alarmruf des *Arbeitskreises Deutsch als Wissenschaftssprache*. Nehmen wir nur «die Vorstellungen von der Wirklichkeit», auf die sich der Arbeitskreis bezieht: die deutsche *Wirklichkeit* ist eben nicht dieselbe wie die lateinisch-romanische *Realität*. Für Engländer und Franzosen ist die Welt *real*, vorhanden, eine Sache, ein Ding – für uns ist sie *wirklich*, und das heißt: wirkend, wirksam, tätig, bewegt, im Geschehen begriffen; kein statisches Sein, ein dynamisches Werden.

Das ist keine Nebensache, es ist ein Stück Sprachpsychologie, es begünstigt einen vorwärts drängenden Denkansatz. Lebt doch der Mensch «mit den Gegenständen ausschließlich so, wie die Sprache sie ihm zuführt», sagt Wilhelm von Humboldt, und so ziehe jede einen Kreis um das Volk, das sie spricht. Jeder dieser Kreise ragt hier oder da über die Schnittmenge aller hinaus; und vielleicht war es ja gerade eine solche Auswölbung, in der Kant das «Ding an sich» ersinnen und formulieren konnte, Heidegger das «In-der-Welt-Sein» oder Sigmund Freud die Psychoanalyse.

Wenigstens in der «Deutschen Gesellschaft für Sprachwissenschaft» wird doch Deutsch gesprochen werden? Ach nein: Als sie 2007 in Siegen tagte, trugen von ihren 13 Arbeitsgruppen elf einen englischen Namen, und von den 180 Vorträgen wurden 152 in Englisch gehalten. Pech für die osteuropäischen Germanisten, von denen viele sich des Kopfhörers bedienen mussten.

Die *Deutsche Akademie für Sprache und Dichtung* hat 2005 vor den Folgen eines «Schwund-Englisch» für die deutsche Kultur gewarnt. Der Germanist Hugo Steger tadelt jene deutschen Wissenschaftler, die «die Sprachloyalität aufgekündigt» haben; der Romanist Harald Weinrich spricht von einem «kulturellen Umweltproblem», wenn deutsche Wissenschaftler sich weder den Bürgern noch auch nur den Professoren anderer Fakultäten verständlich machten. Die *Süddeutsche Zeitung* schrieb 2007, es drohe Gefahr, «wenn ganze Bereiche des Daseins – sei es in den Naturwissenschaften oder im Management – nicht mehr auf Deutsch besprochen werden».

Es ist die Sprache, die dem Denken die Chancen öffnet und ihm die Grenzen zieht. Es sind die Wörter, die geballten Erfahrungen und Erinnerungen unserer Ahnen, die uns, je nach Gebrauch, in Vorurteile einmauern oder unseren Gedanken Flügel geben. Für Höhenflüge deutscher Muttersprachler ist die deutsche Sprache unerreicht.

Zeitgeist-Opportunismus

Unter dem Einfluss des globalisierten Englisch vollzieht sich eine geradezu atemberaubende Simplifizierung. Die englischen oder pseudoenglischen Ausdrücke kommen nämlich nicht einfach hinzu, sie ersetzen auch nicht nur deutsche Wörter, was schlimmstenfalls überflüssig wäre. Sie verdrängen vielmehr die natürliche Wortbildung des Deutschen ...

Es hat seine Logik, wenn sich der Gebrauch des Deutschen aus der Wissenschaft zurückzieht, die auf weltweiten Austausch angewiesen ist. Aber muss deshalb neu gegründeten Universitäten in Deutschland gleich das Englische als Unterrichtssprache aufgezwungen werden? Manches spricht dafür, dass hier nicht internationale Konkurrenz, sondern ein Zeitgeist-Opportunismus am Werk ist, der das Deutsche wie eine überholte Technologie ablegen will. Denn es sind ja nicht Amerikaner, die uns ihre Wörter aufzwingen. Es sind Deutsche, die in ihrer Bewunderung für alles Amerikanische mit der transatlantischen Praxis zugleich die Begriffe dafür mitbringen – wie Geschenke, die glitzernd verpackt werden müssen, damit ihrem dürftigen Inhalt Respekt gezollt werde.

Jens Jessen 2007 in der *Zeit*

Etwas Ähnliches wie Englisch

Vor kurzem tagte in Berlin eine Konferenz mit dem schönen Titel «Gedankenforscher». Es ging um die Frage, ob und wie man mit neuen Verfahren der Neurowissenschaften Gedanken und Gefühle künftig direkt aus dem Gehirn herauslesen kann. Alle Referenten – sechs Deutsche, drei aus den Vereinigten Saaten, ein Brite – waren hervorragend. Und alle sprachen Englisch oder, im Fall der deutschen Redner, mitunter auch so etwas Ähnliches. Seltsam gewählte Worte und verschlungene Sätze ließen so manchen Vortrag weniger brillant wirken, als er inhaltlich war.

Wer aber sprach *im Publikum* Englisch? Niemand. Und auch die vier ausländischen Redner hätten einen deutschen Vortrag ohne Mühe verstanden, denn überall lagen Kopfhörer für die Simultanübersetzung bereit.

Werden wir bald auf Deutsch überhaupt nicht mehr über neue Forschungergebnisse sprechen können, weil uns die Worte fehlen? Die Gesellschaft droht sich zu spalten zwischen den Nutzern einer Elitesprache und all den anderen, an denen die aktuellen Entwicklungen vorübergehen. Ob

Deutsch eine Wissenschaftssprache bleibt oder nicht, ist darum keine Frage des Nationalstolzes. Es geht um viel mehr: um die Demokratie …

Ein Haufen Puzzleteile ist noch keine Wissenschaft. Jede Disziplin braucht auch Veröffentlichungen, die Zusammenhänge aufzeigen, aufregende Ideen vermitteln und neue Konzepte umreißen. Diese Arbeiten sind an die Kollegen jenseits der engsten Grenzen der eigenen Fachwelt gerichtet, aber auch an weitere Kreise der Öffentlichkeit. Sie leben vom sprachlichen Ausdruck, weil der Autor das Publikum durch ein weites, fremdes Terrain führen und es dafür begeistern möchte.

Der Biophysiker Stefan Klein 2007
in der *FAZ*

Die Saftigkeit deutscher Wörter

In seinen Büchern «Als Freud das Meer sah» (2000) und «Freud wartet auf das Wort» (2006) rühmt der deutsch-französische Essayist Georges-Arthur Goldschmidt die bildhafte Kraft, die Durchsichtigkeit des Deutschen (wie schon dessen «Leiblichkeit» in Kapitel 3). Diese Eigenschaft der deutschen Sprache habe es Sigmund Freud ermöglicht, die Einsichten der Psychoanalyse in alltagssprachlichen Begriffen auszudrücken (so dem Unbewussten, der Verdrängung, dem Trieb). «Stets *sieht* man im Deutschen, was es sagt», schreibt Goldschmidt. Als Beispiele nennt er unter anderen:

VORSCHRIFT – «vollkommen kenntlich als etwas Geschriebenes, das damit vor Augen gehalten wird», anders als französisch *préscription* (englisch *direction, instruction*).

VORBILD – wiederum anschaulicher als *modèle, prototype* (englisch *model, pattern*).

ERDTEIL – sinnfällig, anders als in beiden Sprachen *continent*.

NACHSCHUB – da werde, sagt Goldschmidt, hörbar «von hinten geschoben», anders als bei *ravitaillement*; auch das englische *supply* erklärt sich nicht aus sich selbst.

ENTTÄUSCHUNG – Beseitigung einer Täuschung über die nahe Zukunft, plastischer als *desillusionnement* (englisch *disappointment*, was eigentlich «Durchkreuzung einer Verabredung» bedeutet).

Zu den schönsten Elementen, die deutsche Wörter in Goldschmidts Worten «fast körperlich spürbar» machen, gehört die Vorsilbe *zer-*. Mit ihr beginnen im zehnbändigen Duden 127 Wörter, von *zerbeißen* bis *zerzupfen*. Das Grimm'sche Wörterbuch würdigt diese Silbe acht Spalten lang; sie bedeutet überwiegend: auseinander, entzwei, ganz und gar kaputt (*zerfetzen, zertrampeln, zersäbeln*), oft aber auch «quälend viel» (wie in *zermartern* oder *zermürben*).

So hat *zerbrechen* mehr Feuer als das französische *briser* oder das englische *break*, es sei denn, man fügte diesem ein *break to pieces* hinzu. Erst *smash to pieces* heißt so viel wie *zerschellen*, und die zerstörende Kraft des *Zermalmens* wird durch *broyer* und *crush* nicht erreicht.

Die Weltsprache der Philosophie ist eben zugleich von einer zwingenden Anschaulichkeit, wie das Englische sie oft nicht erreicht und das Französische ziemlich selten – ein Grund mehr, auch in der Wissenschaft gegen die Anglo-Chimäre anzugehen.

15
Pidgin – Globish – Basic English

Nein, *Pidgin* reden wir nicht, und von der drohenden «Pidginisierung» des Deutschen zu sprechen ist eine Übertreibung. Die Frage ist nur, ob wir stattdessen *Globish* sprechen – oder gar sprechen sollten.

Pidgin (ursprünglich eine chinesische Entstellung des englischen Wortes *business*) bezeichnet einen Mischmasch aus zwei Sprachen: der Muttersprache von Nichteuropäern (zumal im südlichen Asien, in der Südsee und in der Karibik) – und einer dominierenden Verkehrssprache (im Mittelalter weithin Malaiisch und Arabisch, später Spanisch, Portugiesisch und nun vor allem Englisch). Ihre wesentlichen Kennzeichen: Beschränkung auf möglichst wenige Wörter, Verschleifung schwieriger Laute (heute vor allem des englischen th), radikal vereinfachte Grammatik, Schriftsprache nicht vorhanden.

Pidgin ist niemandes Muttersprache; die Einheimischen haben es nur entwickelt, um sich mit den fremden Kauf- und Seeleuten zu verständigen. In Melanesien (der Inselwelt nordöstlich von Australien) zum Beispiel so: Aus «my house» wird *haus belong me*, aus dem «Büro» das Haus mit Papier, *haus pepar*. Auch ansässige Europäer bedienen sich des Pidgin, wenn es die Kommunikation mit den Einheimischen erleichtert, und Pidgin verdient ebenso der Zuruf des deutschen Arbeitgebers an seine polnische Hilfskraft zu heißen: «Du arbeiten!»

Wo das Pidgin sich verfeinert und bei den Einheimischen zum Rang einer Muttersprache aufsteigt, sprechen die Linguisten von einer *Kreolensprache* (nach dem spanischen *criollo* für den in Übersee geborenen Europäer), so zumal in der Karibik auf der Basis des Englischen und des Französischen. *Spanglish* wird die Mischsprache aus Spanisch und Englisch genannt, wie Millionen mexikanischer Zuwanderer in Kalifornien, Arizona und Texas sie sprechen.

Und was ist *Globish*? Das Wort hat der Franzose Jean-Paul Nerrière, ehemaliger Manager bei IBM, 2004 in Umlauf gesetzt: Es soll die «planetarische Mundart des dritten Jahrtausends» bezeichnen, die er für die internationale Verständigung fordert – eine Umgangssprache aus 1500 englischen Wörtern. Längst aber hat der Begriff *Globish* sich emanzipiert: Immer häufiger wird er für das mehr oder weniger beherrschte oder gestotterte Englisch verwendet, dessen sich Menschen anderer Muttersprache bedienen: auf dem internationalen Parkett Kaufleute, Manager, Wissenschaftler, Globetrotter – im Inland Werbetexter, Techniker, Computer-Freaks, wiederum Manager und sogar viele Wissenschaftler, wie im vorigen Kapitel dargetan.

Typisch für diese Handels-, Technik-, Konferenz- und vor allem Modesprache sind: überwiegend korrekte Grammatik – reduzierter Wortschatz – unbeholfener Stil – fehlende oder schiefe Benutzung idiomatischer Wendungen – unzulängliche, für englische Ohren oft schmerzliche Aussprache; ein Schrumpf-Englisch also, weit unter Weltniveau und keiner Systematik verpflichtet.

Schon gibt es englische Bildungsbürger, Literaten, Linguisten, die das *Globish* als *Globalesisch* oder *Globalbabble* verspotten: zugleich erfüllt von der Sorge, *Globish* könnte auf lange Sicht auf das klassische Englisch abfärben. Ja, viele fragen sich, ob die Weltsprache der Zukunft wirklich eher *Globish* als Englisch zu heißen verdient – bedenkt man, dass allein in dem ehemaligen britischen Kaiserreich Indien (mit den heutigen Staaten Indien, Pakistan und Bangladesch) anderthalb Milliarden Menschen leben, von denen Hunderte von Millionen sich aller Formen des English, des Globish, des «Hinglish» bedienen. Noch nie sind in einer Weltsprache die Muttersprachler derart in die Minderheit geraten gegenüber denen, die sie häufig verwenden – ehrenhaft oder lückenhaft, versimpelt oder völlig versaubeutelt. Wie die dominierende Sprache auf Erden in fünfzig Jahren zu heißen verdient, ist offen, in der Tat.

Basic English

Lässt sich mit 850 Wörtern der englischen Sprache alles Wesentliche sagen – und eine vernünftige Verständigung zwischen Englischsprachigen und Ausländern zustande bringen? Der englische Sprachwissenschaftler C. K. Ogden hat es versucht: 1930 trat er mit seinem Projekt *Basic English* an die Öffentlichkeit, und 1943 hatte er den schönen Erfolg, dass Winston Churchill den amerikanischen Präsidenten Roosevelt dafür gewann, *Basic English* «als Mittel der Völkerverständigung» zu propagieren, zugleich also der Weltsprache Englisch eine noch stärkere Verbreitung zu verschaffen.

1944 erschien die Bibel in *Basic English*, 1947 wurde in London eine Basic-English-Stiftung gegründet, mit bescheidenen Staatszuschüssen; der Impetus der Kriegsjahre war offenbar erloschen, Ogden jedenfalls bei weitem nicht zufrieden, im Gegenteil: «Bedevilled by officials» fühlte er sich, verhext also, gepeinigt, gedemütigt. Als er 1957 starb, hatte *Basic English* seine größte Zeit schon hinter sich.

Wahrscheinlich spielte dabei mit, dass die Liste der 850 notwendigen Wörter grob irreführend ist. Sie enthält 600 Substantive (von *act* bis *year*), 150 Adjektive (von *able* bis *young*), 82 Pronomen, Konjunktionen und Adverbien (von *about* bis *yes*), in Ordnung – aber nur 18 Verben: *come, do, get, give, go, keep, let, make, put, seem, take, say, see, send*, dazu die Hilfszeitwörter *have, be, may, will*.

Das Beste an den Verben: Sie sind alle einsilbig, wie überhaupt 60 Prozent von Ogdens Wörtern. Doch das Problematische: Gerade mit den Verben hat Ogden einen Rechentrick begangen. *Get* allein bedeutet ja nicht nur kriegen, bekommen, erringen, erwischen, sondern auch: zustande bringen, jemanden «erledigen», ihn abschießen; *get tired* heißt müde werden, *What is he getting at?* «Auf was will er hinaus?», *Got it?* «Hast du das kapiert?»; und in *I've got enough money* bedeutet *get* überhaupt nichts – es fügt der Aussage *I have enough money* nichts hinzu.

Mit dem Verbum *put* steht es nicht besser: Für seine Übersetzungen braucht Langenscheidt vier Spalten, und aus der Grundbedeutung «setzen, stellen, legen» lässt sich unmöglich ableiten, warum *I will never put up with that* «Das lasse ich mir niemals gefallen» heißen soll. Die angeblich 18 Verben vertreten also in Wahrheit Hunderte – ja, wahrscheinlich kann sich ein Ausländer die zwei Tätigkeiten «setzen» und «sich gefallen lassen» in *zwei* Wörtern leichter einprägen als in ihrer verwirrenden Verwandtschaft.

Fazit: Die 850 Wörter alle zu beherrschen, ist sicher ein Gewinn. Aus ihnen vernünftige Sätze zu bauen, wird oft an den Verben scheitern. Sein Versprechen halten kann Ogden nicht.

Übrigens: Wie hätte der Kernsatz in Churchills berühmter Blut-, Schweiß- und Tränenrede vom 13. Mai 1940 in *Basic English* lauten müssen? Was er seinem Volk versprach, war nichts als *blood, toil, tears* and *sweat*. Von diesen vier klassi-

schen Einsilbern steht nur das Blut auf Ogdens Liste.
Churchill hätte also ausweichen müssen auf *«blood, hard
work, eyewash and body water»*. (Nicht stimmen aber kann
die Anekdote, *daraufhin* habe er Ogdens Projekt die Unter-
stützung verweigert: Denn mit der *begann* er ja erst 1943.)

Special English, Easy English, English Light

Die «Stimme Amerikas», 1942 als Propaganda-Sender gegründet und heute in 44 Sprachen ausgestrahlt, hat in den
fünfziger Jahren für ihre englischen Programme eine Sprache entwickelt, die die Verstehbarkeit und die Erlernbarkeit
des Englischen erleichtern sollte und erleichtert hat. Der
Sender nennt sie *Special English*. Sie beschränkt sich auf
1500 Wörter, zu einfach strukturierten Sätzen gruppiert,
frei von komplizierten idiomatischen Wendungen und allen
Flapsigkeiten der Umgangssprache. Für ein ähnliches Aus-
wahl-Englisch hört man auch die Bezeichnungen *Easy English* oder *English Light*.
Die Sprecher der «Stimme Amerikas» sind darauf trainiert,
deutlich zu artikulieren und das Sprechtempo auf zwei
Drittel des Üblichen abzusenken. Rufen Porträts oder Ana-
lysen ausnahmsweise nach Wörtern, die nicht auf der Liste
stehen, so werden sie mit Hilfe der 1500 Wörter erklärt. Die
Aussprache ist ein gemäßigtes Amerikanisch, das britischen
Ohren nicht weh tut – oft «Bostonian» genannt, nach der
Stadt Boston in den Neu-England-Staaten.

Globish, Globalesisch

An eben diese 1500 Wörter hat sich der französische Manager Jean-Paul Nerrière 2004 in seinem Buch «Parlez Globish» angelehnt, und wohlgemut fordert er, *Globish* solle die Weltsprache werden; die Mehrheit habe sie ja längst auf ihrer Seite. Wofür brauchen wir ein Wort für «Neffe»? fragt Nerrière. «Sohn meines Bruders» reicht vollkommen. Freilich will er auch die Küche nicht gelten lassen: «Room in which you cook your food» empfiehlt er als Umschreibung.

Oxford-Englisch

Das ist *die in Deutschland übliche* Bezeichnung für den korrekten Gebrauch des Englischen in Grammatik, Wortwahl und Aussprache, Bühnen-Englisch – abgegrenzt gegen Dialekte, gegen die Aussprache der Unterschicht und gegen die überseeischen Aussracheformen.
In Großbritannien wird Oxford English eher kritisch verwendet, für die als affektiert empfundene Aussprache der Oberschicht. Das in Deutschland Gemeinte hieß früher *King's English* (*Queen's English*) und wird heute als *Standard English* bezeichnet.
Die dafür korrekte Aussprache heißt *received pronunciation* (die als gültig anerkannte, die authentische). Dieser Aussprache in ihrer britischen Form wird neuerdings das gemäßigte amerikanische Englisch gleichgestellt, wie es die Oberschicht der Neu-England-Staaten spricht.
Grobes Amerikanisch produziert der deutsche Sender RTL, wenn er eine populäre Sendung als «Let's dääänce» hinaustrompetet. Da der Gesellschaftstanz aus England stammt, hätte die Aussprache «Let's daaance» nähergelegen, und die klänge auch fast so angenehm wie «Tanzen wir».

Basic German

Eine Annäherung daran hat 1966 der Sprachwissenschaftler Heinz Oehler mit seinem Buch «Grundwortschatz
Deutsch» unternommen: mit den 2000 «häufigsten und
wichtigsten» Wörtern. Anders als Nerrière im *Globish* hat
Oehler auch die «Küche» vorgesehen, anders als Ogden im
Basic English auch die «Träne»; doch Churchills «Schweiß»
und «Mühsal, Plage, Qual» fehlen bei ihm ebenfalls.

Brechts «Basic German»

Seine Gedichte, sagt Bert Brecht, seien «in einer Art *Basic
German* geschrieben». Beim Wiederlesen spüre er zwar
einen Mangel in Ausdruck und Rhythmus, «aber beim
Schreiben (und beim Korrigieren) widerstrebt mir jedes
ungewöhnliche Wort». (Das erinnert an die Mahnung aus
einer Cäsar zugeschriebenen, verschollenen römischen
Grammatik: «Jedes ungewohnte Wort sollst du fliehen wie
ein Riff» – und an Schopenhauers klassische Stilregel:
«Man brauche gewöhnliche Worte und sage ungewöhnliche
Dinge.»)
Als ein Beispiel führte Brecht sein Gedicht «Fragen eines
lesenden Arbeiters» an, in dem es heißt:

> Wer baute das siebentorige Theben?
> In den Büchern stehen die Namen von Königen.
> Haben die Könige die Felsbrocken herbeigeschleppt?
> Der junge Alexander eroberte Indien.
> Er allein? Cäsar schlug die Gallier.
> Hatte er nicht wenigstens einen Koch bei sich?
> Alle zehn Jahre ein großer Mann.
> Wer bezahlte die Spesen?

DIE LUST AN DER SELBSTERNIEDRIGUNG

16
Verzagt in Brüssel

1945, niemand wundert es, war das internationale Ansehen der deutschen Sprache auf dem Tiefpunkt, und zumal in der britischen und der amerikanischen Besatzungs-
zone tat jeder, der etwas werden wollte, gut daran, sich
aufs Englische zu werfen. Mit der Anglo-Mode (der gierigen Übernahme englischer Wörter, ob sie praktisch waren
oder nicht) hatte das zunächst wenig zu tun; die meisten
taten das von jeher allein Vernünftige: sich der einen *oder*
der anderen Sprache zu bedienen.

Zwar wurden in den frühen Nachkriegsjahren psycho-
logisch die Weichen gestellt für die bis heute herrschende
Neigung, in jedem Grenzfall oder ganz ohne Not den englischen Begriff dem deutschen vorzuziehen – so sehr war
Deutschland und alles Deutsche durch die Nazizeit dis-
kreditiert. Die überschäumende Invasion der Anglizismen
setzte jedoch erst mit dem Fernsehen, dem Computer, der
Popmusik und der Globalisierung ein (in Kapitel 19 mehr
darüber).

So gab die junge Bundesrepublik 1951 das Signal, dass
die deutsche Sprache ein politischer Faktor ersten Ranges
geblieben war: Bei der Gründung der Montanunion (mit
Frankreich, Holland, Belgien, Luxemburg, Italien) setzte
die Regierung Adenauer gegen den anfänglichen Widerstand Frankreichs Deutsch als die andere Arbeitssprache
durch. Als 1957 dieselben sechs Staaten die *Europäische
Wirtschaftsgemeinschaft* gründeten, stand von vornherein
fest, dass Französisch und Deutsch die Arbeitssprachen
waren; Frankreich hatte lediglich erreicht, dass alle Insti-

tutionen der EWG ihren Sitz an überwiegend französischsprachigen Orten nahmen (Brüssel, Straßburg, Luxemburg), sodass Beamte und Parlamentarier im Alltag aufs
Französische angewiesen blieben; dass in der Verwaltung
die französischen Beamten dominierten, dafür hatte Paris
ohnehin gesorgt.

1970 verkündete die Regierung Brandt ihre Leitsätze
für die auswärtige Kulturpolitik. Die deutsche Sprache,
heißt es darin, sei «Träger, nicht Ziel unseres Wirkens im
Ausland». Das lässt sich zwar als Selbstverständlichkeit lesen (denn auch Engländer und Franzosen wollen mit Hilfe
der Sprache vor allem Einfluss verbreiten); wahrschein-
licher aber war es die Aufforderung, die Deutschen sollten
sich beim Export ihrer Sprache jene Zurückhaltung auf-
erlegen, die sie drei Jahre später zu ihrem Schaden gleich
zweimal demonstrierten.

Man mag sich streiten, ob bei dem doppelten Rück-
schlag von 1973 eine kluge Bescheidenheit die Feder
führte – oder ob die Deutschsprachigen einfach versagten,
wenn nicht übereifrig kapitulierten. In jenem Jahr wurden
die Bundesrepublik Deutschland und die DDR gleichzeitig in die Vereinten Nationen aufgenommen, und da zusammen mit Österreich nunmehr drei deutschsprachige
Staaten der Uno angehörten, erwarteten viele Mitglieder
ganz selbstverständlich ihren Antrag, Deutsch zur sechsten Amts- und Arbeitssprache der Vereinten Nationen
zu machen (neben den vier Sprachen der fünf Mitglieder
des Weltsicherheitsrats – Englisch, Französisch, Russisch,
Chinesisch – und der Weltsprache Spanisch). Da Deutsch
immer noch das Esperanto Osteuropas war und in Asien
sein Ansehen nie eingebüßt hatte, standen die Chancen
für eine Mehrheit in der Vollversammlung nicht schlecht.

Aber der Antrag wurde nie gestellt – und auf den sechsten Platz rückte das Arabische vor.

Gravierender als die Unterlassung in New York war der Verzicht, den im selben Jahr 1973 wiederum die Regierung Willy Brandt in Brüssel leistete. Da war Großbritannien in die EWG eingetreten, und dass die Weltsprache Englisch eine zusätzliche Arbeitssprache werden würde, daran führte kein Weg vorbei. Die Frage war nur: Sollte es nun drei Arbeitssprachen geben – oder müsste eine der bisherigen entfallen, Deutsch oder Französisch?

Ein Beschluss darüber wurde nie gefasst. Aber die deutschen Beamten in Brüssel – ob nach einem Wink aus Bonn oder in eiliger Selbstunterwerfung mit Duldung der Bundesregierung – beeilten sich zu versichern, sie würden auf Übersetzungen ins Deutsche verzichten und sich selbst des Deutschen enthalten, und auch im mündlichen Umgang wollten sie keinen ausländischen Kollegen mit der deutschen Sprache behelligen. Dass Bundeskanzler Kohl sich 1984 beim Präsidenten Gaston Thorn über «die Vernachlässigung und Diskriminierung» des Deutschen beschwerte, wurde in Brüssel zu den Akten gelegt.

Die große Stunde des Deutschen hätte schlagen können, als 1990 die Vasallenstaaten der Sowjetunion ihre Freiheit erlangten. Sogleich verschmähten sie das aufgezwungene Russisch – und kehrten zur Verständigung untereinander ganz selbstverständlich zu der Sprache zurück, die seit Jahrhunderten die *lingua franca* Osteuropas war. Was tat das gerade wiedervereinigte Deutschland, um diese Chance wahrzunehmen? Ja, es wurden Deutschlehrer in den Osten geschickt. Einen großen Anlauf aber unternahm Bonn nicht.

Es war der britische Außenminister Douglas Hurd, der

1990 dem *British Council* (dem 1934 gegründeten Institut für die Auslands-PR) den Auftrag erteilte, Osteuropa für die englische Sprache zu erobern – und damit für britische Kultur und britische Produkte. (Für den Sprachexport gibt London viermal so viel aus wie Berlin.) Und Frankreich lud sogleich tausend junge Politiker aus dem Osten zu Sprachkursen ein, üppig umrahmt von Schlössern an der Loire.

Alle möglicherweise zuständigen deutschen Instanzen jedoch waren «fassungslos» über die Beliebtheit des Deutschen in den befreiten Staaten, schrieb der ehemalige sächsische Kultusminister Hans Joachim Meyer 2005 in der *FAZ*; dass man das Deutsche und die Deutschen «nicht nur kritisch bis ablehnend sehen könnte, war in ihrem Weltbild nicht vorgesehen». Und so hat in der Tat in der Mehrzahl der osteuropäischen Länder inzwischen das Englische als erste Fremdsprache dem Deutschen den Rang abgelaufen.

Immerhin, zu einem Vorsprung des Deutschen vor dem Französischen in der Europäischen Union hat 2004 der Beitritt von acht osteuropäischen Staaten geführt: 51 Prozent der EU-Bürger sind im Englischen zuhause, 32 Prozent im Deutschen, 26 Prozent im Französischen (in der Summe von Muttersprachlern und solchen, die es als Fremdsprache beherrschen). Unter den Muttersprachlern allein lag das Deutsche immer vorn: 93 Millionen; es folgen 65 Millionen Französisch- und 63 Millionen Englischsprachige.

Insoweit war die Ost-Erweiterung für Frankreich ein harter Schlag. Das Französische für die Königin der Sprachen zu halten, es zu exportieren und damit den kulturellen und wirtschaftlichen Einfluss auszudehnen, ist ja französische Tradition seit Jahrhunderten. So pflegt Paris auch die *Frankophonie*, die ausdrücklich propagierte Verwandtschaft mit Staaten, in denen viele französische Muttersprachler leben wie in Belgien und Kanada – und mit den ehemaligen Kolonien zumal in Afrika, wo nur eine kleine, aber weiterhin einflussreiche Oberschicht die einst aufgezwungene europäische Sprache beherrscht.

1992 schlug die französische Emfindlichkeit in einen glatten Affront gegen die deutsche Sprache um – und gegen einen polnischen Politiker dazu: Da wagte es doch der ehemalige Ministerpräsident Masowiecki auf einer Pressekonferenz in Brüssel, mit den Journalisten Deutsch zu sprechen! Jacques Delors, der Präsident der Europäischen Kommission, unterbrach ihn sofort und forderte ihn auf, sich des Polnischen zu bedienen, die Dolmetscher stünden bereit. So verdient man sich den Karlspreis der Stadt Aachen für Verdienste um die europäische Einigung, den Delors fünf Monate zuvor bekommen hatte.

1993 rief derselbe Delors die nie förmlich abgeschaffte Arbeitssprache Deutsch insofern ein Stück weit ins Leben zurück, als er anordnete, auf der höchsten Brüsseler Ebene, der der Kommissare, müssten alle Dokumente in allen drei Arbeitssprachen vorgelegt werden (in den anderen Instanzen also ausdrücklich nicht). 1999 ertrotzte Bundeskanzler Gerhard Schröder die Wiederzulassung des Deutschen als dritte Arbeitssprache in den Sitzungen des EU-Ministerrats, was der finnische Ratspräsident hatte unterbinden wollen; erst als Deutschland und Österreich mit Boykott drohten, lenkte Finnland ein.

2005 berichtete die *Süddeutsche Zeitung* über den Status des Deutschen in Brüssel: «English only – das ist ein schleichender Prozess», sagte ein Sprecher des dortigen

Goethe-Instituts. Der deutsche Botschafter aber: «Wir nehmen an keiner Veranstaltung mehr teil, auf der nicht deutsch übersetzt wird. Englisch nimmt zu, Französisch nimmt ab, Deutsch stagniert.» Wer in der EU-Kommission Karriere machen will, muss neben dem Englischen eine zweite der drei Arbeitssprachen beherrschen – und da scheint das Deutsche das Französische zu überholen.

2006 richtete Bundestagspräsident Norbert Lammert an den portugiesischen Kommissionspräsidenten José Barroso das förmliche Ersuchen, für den gleichberechtigten Gebrauch des Deutschen zu sorgen; der Bundestag werde sich mit fremdsprachlichen Vorlagen aus Brüssel nicht mehr befassen. Gleichzeitig tadelte Lammert «die Fahrlässigkeit und Gleichgültigkeit deutscher Beamter und Abgeordneter, die gern ihre eigenen begrenzten Englischkenntnisse spazieren führen und damit der natürlichen Dominanz des Englischen und der demonstrativen Präsenz des Französischen entgegenkommen». (Spazieren führen! Schöner hätte man es nicht sagen können.) Angela Merkel hatte für die Zeit ihrer EU-Präsidentschaft in der ersten Hälfte des Jahres 2007 angeordnet: Deutsche Politiker haben ihre Reden und Pressekonferenzen in Brüssel auf Deutsch zu halten.

Der Tiefpunkt deutscher Selbstverleugnung scheint also überwunden. In Ungarn und der Slowakei lernt immer noch mehr als die Hälfte aller Schüler Deutsch, fast die Hälfte sind es in Polen, Tschechien und Slowenien. Doch es bleibt wahr, was der englische *Economist* 2004 geschrieben hat: «Das Deutsche siecht zum Teil nur deshalb dahin, weil Deutschland beim Werben für seine Sprache zaghaft gewesen ist» («German has languished partly because Germany has been shy about promoting its language»). Schüchternheit: Das ist noch ein höfliches Wort für die *linguistic submissiveness*, die sprachliche Unterwürfigkeit, die englische und amerikanische Publikationen uns immer wieder nachsagen.

Wir wollen keine Piefkes sein!

Wir Deutschen unterliegen in der EU nicht den Franzosen und den Briten – wir verlieren eher gegen uns selbst: Das Problem der Deutschen in der EU sind die Deutschen, die kein Deutsch reden. Angela Merkel hat, wie ihr Vorgänger Gerhard Schröder, die Bundesminister und alle Beamten verpflichtet, in Brüssel nur Deutsch zu reden. Wofür ihnen die Brüsseler Journalisten dankbar sind, weil ihnen das Radebrechen deutscher Politiker in fremden Zungen nicht selten auf die Nerven geht ...

In ihren vier Jahren als Kommissarin war Monika Wulf-Mathies erst erstaunt, dann amüsiert immer wieder über Deutsche gestolpert, die eine andere der eigenen Sprache vorzogen, selbst wenn es nicht zwingend war. Es gebe, sagt sie, «eine deutsche Eigenart, sich eilfertig einer fremden Sprache zu bedienen».

Das nimmt nicht selten absurde Züge an. Da gibt es deutsche EU-Beamte, die einem deutschen Kommissar Vorlagen auf Französisch schreiben. Auch deutsche Journalisten neigen in Brüssel dazu, sich in fremden Sprachen zu spreizen. Selbst wenn es im Pressesaal eine Übersetzung in alle Sprachen gibt, radebrechen einige ihre Fragen lieber auf Englisch oder Französisch, als den Künsten der Dolmetscher zu trauen. Einem Italiener oder Spanier würde das im Traum nicht einfallen.

Was immer ihn dazu treibt – der Deutsche in Brüssel will bei jeder Gelegenheit zeigen, dass er kein Piefke, sondern ein weltgewandter Bürger ist ... Die gelegentliche Unterdrückung des Deutschen durch einen europäischen Beamten ist ein Kinkerlitzchen im Vergleich zu dem Schaden, den das Unbehagen am Gebrauch der eigenen Sprache anrichtet.

Martin Winter 2007
in der *Süddeutschen Zeitung*

Anbiedern wollen wir uns!

Viele Deutsche empfinden keine besondere Freude an ihrer Muttersprache. In einigen großen deutschen Unternehmen wird selbst in den in Deutschland gelegenen Zentralen Englisch gesprochen. Für die Franzosen hingegen ist es selbstverständlich, ja eine Herzenssache, den Stellenwert der französischen Sprache in der Welt zu festigen. Offensiv treten französische Politiker dafür ein, ihre Muttersprache in den internationalen Organisationen – insbesondere in der Europäischen Union – aufzuwerten. Und wie häufig tadeln unsere französischen Freunde unsere geradezu anbiedernde Bereitschaft, auf internationalen Zusammenkünften auf den Gebrauch der eigenen Sprache zu verzichten! Wir sprechen beflissen Englisch, statt uns wortreich und damit gedankenreich in der vertrauen Muttersprache darzustellen. Wir ziehen es vor, durch den Gebrauch des Englischen Weltoffenheit, Modernität und das Gefeitsein vor dem Nationalsozialismus zu demonstrieren.

Jutta Limbach, Präsidentin des
Goethe-Instituts, 2005 in der *FAZ*

17
Verklemmt mit Goethe

Dass in internationalen Gremien das Deutsche um seine Geltung kämpfen muss, leuchtet ja ein. Ohne politischen Druck aber kann (oder könnte) das *Goethe-Institut* in aller Welt sich und die Sprache Goethes entfalten; Zehntausenden von Ausländern sind seine Dienste hochwillkommen. Jährlich vergibt es 1700 Stipendien an Deutschlehrer in der ganzen Welt, in 128 Auslandsniederlassungen macht es Interessierte mit deutscher Sprache und Kultur vertraut – auf Madagaskar und in Kasachstan, in Ghana und in Paraguay.

Es ist ja immer noch die Sprache des Exportweltmeisters, die da verbreitet wird, der weltbesten Auto- und Maschinenbauer, der Ingenieure und der Facharbeiter, des Landes mit der höchsten Theater-, Opern-, Konzert- und Museumsdichte der Welt, des zweitgrößten Büchermarkts auf Erden. 2006 hat der Bundestag sogar beschlossen, nach vielen Jahren der Bedrängnis die Finanzmittel für das Goethe-Institut wieder zu erhöhen, wenigstens ein bisschen; alle Auslandsstandorte sollten erhalten, nur in der Münchner Zentrale Personal eingespart werden.

Die deutsche Sprache zu lehren, steht dabei freilich längst nicht mehr im Vordergrund. Auch früher, «als die Mittel noch reichlich flossen, müssen unsere Kulturvertreter im Ausland ein sehr merkwürdiges Bild abgegeben haben», schrieb Paul Ingendaay 2007 in der *FAZ*: «In den entlegensten Winkeln der Weltkugel lehrten sie eine Sprache, die sie sich nicht zu lieben trauten, und erzählten von einem Land, dessen sie sich vorauseilend so bereitwillig schämten, als hätte es vor Hitler und nach Hitler keine deutsche Geschichte gegeben.» Nicht mit Goethe – mit dem Wort «Mülldeponie» setzte in New York der Unterricht ein (auf Seite 122 nachzulesen).

Unter seinem damaligen Dienstherrn Joschka Fischer, dem Bundesaußenminister, begann das Goethe-Institut im neuen Jahrtausend die Verbreitung von deutscher Sprache und Kultur nicht mehr als seine Hauptaufgabe anzusehen. Hans-Georg Knoop, der Generalsekretär, bezeichnete 2006 sein Institut in diesem Sinn als «vielgestaltiges Friedensinstrument», dessen vornehmste Aufgabe es sei, «einen gemeinsamen Verständigungshorizont zu erarbeiten, um Konflikte gewaltfrei zu lösen». Thomas Steinfeld geißelte in der *Süddeutschen Zeitung* diesen «ebenso bürokratischen wie anmaßenden Jargon» und warf dem Institut «intellektuelle Verwahrlosung» vor. Der *Spiegel* schrieb 2006: «Höchst wolkig» trete das Goethe-Institut für eine mehrsprachige Zukunft ein, «als warteten die Sprachen der Welt ausgerechnet darauf, von deutschen Kulturfunktionären gefördert zu werden».

Von einer beherzten Vermittlung deutscher Sprache und Kultur kann also seitdem schon gar nicht mehr die Rede sein. Doch von jeher, schrieb Patrick Bahners in der *FAZ*, sei die Kulturmission des Goethe-Instituts dadurch beschränkt gewesen, «dass ein guter Deutscher das Wort ‹deutsch› mit schlechtem Gewissen in den Mund nimmt. Diesen zerknirschten Tonfall kann man niemandem beibringen, der eine andere Muttersprache hat.» Da traf es sich gut, meinte die *Frankfurter Rundschau*, dass das Welt-Idiom *Globalesisch* «den Deutschsprachigen den ersehnten Abschied von der gemeinsamen, aber schuldigen Kultur» ermöglichte.

Welchen Widerstand soll ein Volk der Invasion der Anglizismen noch entgegensetzen, wie soll es noch die sinnvollen von den sinnlosen Importen unterscheiden, wenn seine Botschafter im Ausland ihre, unsere Sprache nur mit schlechtem Gewissen oder am liebsten gar nicht verbreiten? Auf Englisch hielt der Direktor des Goethe-Instituts Stockholm 2003 vor Deutschsprachigen und Deutschlernwilligen seine Antrittsrede. Gegen deutschsprachige Protestrufe sprach der deutsche Botschafter in Südkorea 2005 Englisch vor der «Koreanischen Gesellschaft für Deutsch als Fremdsprache»; der koreanische Vorsitzende beklagte sich danach über «die Beleidigung des Publikums». Und Deutschlehrer aus aller Welt, vom Goethe-Institut zu einer Tagung in Hamburg versammelt, klagten mir ihr Leid: Wie hätten sie sich auf die Rede des verehrten deutschen Bundespräsidenten Richard von Weizsäcker vor dem amerikanischen Kongress gefreut – welcher Auftrieb für ihre Deutschstudenten! Aber Englisch sprach er. Und Günther Oettinger, CDU-Ministerpräsident von Baden-Württemberg, verkündete 2007, Deutsch werde die Sprache der Familie und der Freizeit bleiben – Englisch aber in Deutschland die Arbeitssprache werden.

Einen Exzess ritueller Selbstbezichtigung lieferte 2006 der Mannheimer Soziologe Hartmut Esser. «Sprachen haben keineswegs alle den gleichen Wert», schrieb er in der *Süddeutschen Zeitung*. «Manche Sprachen sind weltweit verwendbar, wie inzwischen Englisch, andere dagegen deutlich weniger, wie Deutsch, Finnisch oder Rumänisch.»

Rumänisch ist die Muttersprache von rund 20 Millionen, Finnisch von 4 Millionen, Deutsch von 100 und Zweitsprache von mindestens 40 Millionen Menschen.

Wer so argumentiert, der gibt dem englischen Filmregisseur Terry Gilliam recht: «Die Deutschen nehmen an den Diskussionen über ihr Heimatland in der Weise teil, dass sie sich während der gesamten Dauer selber auspeitschen.» Self-torture. Self-hatred. Self-denial. Self-contempt.

Goethes Mülldeponie

Mark Lilla aus New York, damals Humboldt-Stipendiat an der Freien Universität Berlin und Gastforscher am Einstein-Forum in Potsdam, berichtete 1996 in der *FAZ* über seine Deutschkurse im New Yorker Goethe-Institut:

«Das erste deutsche Wort, das ich gelernt habe, war *Mülldeponie*. Nicht ‹haben› oder ‹sein›, ‹Tisch› oder ‹Stuhl› und gewiss nicht ‹Heimweh›, ‹Sehnsucht› oder ‹Wahlverwandtschaften›. Im Goethe-Institut von New York schrieb die Lehrerin als Erstes auf die Wandtafel: ‹die Mülldeponie, -n›.

Seit 1990 habe ich mehrmals am Goethe-Institut Deutschunterricht genommen. Wie für viele war die deutsche Sprache für mich eine notwendige Bedingung meiner geistigen Entwicklung ...

Aber in der Sprache des Instituts kommt der Begriff ‹Kultur› nicht vor. Es ist ein alter Witz unter Studenten, im Goethe-Institut sei die Gefahr gering, dass man Goethe liest. Aber leider ist dies kein Witz. Aus den vom Institut konzipierten Büchern zu schließen, gibt es unter den Mitarbeitern eine heftige Allergie gegen alles, was für sie nach der alten Welt der deutschen Bildung riecht. In der Bibliothek finden sich zwar die Klassiker in wunderschönen Ausgaben, im Klassenzimmer hingegen müssen die Studenten sich für Diskussionen über Umweltkrisen, Baumsterben, Rechtsradikalismus und Militarismus rüsten.

Warum ist die Atmosphäre in französischen Kulturzentren so fröhlich, die in den deutschen so grau und öde? Franzosen sind stolz, Menschen überall in der Welt mit Molière bekannt machen zu können. Warum schämen sich meine deutschen Lehrer Goethes? Ausländer, die in der Alliance Française den «Menschenfeind» studieren, werden sich als Menschen willkommener fühlen als die, die im Goethe-Institut noch eine unangenehme Diskussion über Ausländerfeindlichkeit oder Trümmerliteratur ertragen müssen. Es ist kein Zufall, sondern ein Zeichen der Zeit, dass das zweite deutsche Wort, das ich im Goethe-Institut lernte, ‹Recycling› war.»

Bratislava in den Niederlanden

Eine Untergruppe der Liebedienerei, die wir allem Nichtdeutschen erweisen, ist die Eilfertigkeit, mit der wir fremde Sprachen in die deutsche hineinregieren lassen. Als Russland, das Zarenreich, 1917 in die *Sowjetunion* verwandelt wurde, waren Politiker und Journalisten des englischen Sprachraums sich einig, dass der Staat auf Englisch selbstverständlich weiter *Russia* hieß; nie konnte doch ein ausländisches Regime die Macht haben, die englische Sprache zu verändern. Das ging 73 Jahre gut – bis 1990 die Sowjetunion zu zerfallen begann. Nun – und nun erst – wurde es wichtig, die Russische Föderation von der Sowjetunion zu unterscheiden.

Franzosen und Spanier nennen Deutschland *Allemagne* und *Alemania*. Das ist doppelt falsch: erstens, weil die Deutschen in ihrer großen Mehrzahl keineswegs «Alemannen» sind; zweitens, weil die Alemannen ihrerseits sich auf vier Nationen verteilen: Deutschland (Baden-Württemberg und der bayerische Regierungsbezirk Schwaben), die deutsche Schweiz, Frankreich (Elsass) und Österreich (Vorarlberg). Beherzt also machen die Franzosen von einem Recht Gebrauch, das alle Völker auf Erden (außer dem deutschen) sich von jeher nehmen: alle anderen Völker auf Erden nach deren Maßstäben falsch zu benennen. Die Finnen übrigens nennen alle Deutschen «Sachsen».

Also ist es selbstverständlich richtiges Deutsch, *England* zu sagen, nicht Großbritannien (die Schotten und die Waliser kann das unmöglich stärker beleidigen als das französische *Allemagne* die 70 Millionen deutschen Nicht-Alemannen). Noch dazu ist auch *Großbritannien* staatsrechtlich unkorrekt: «Vereinigtes Königreich von Großbritannien und Nordirland» heißt die Nation. Und wie meldete sich 1940 der deutschsprachige Dienst der BBC? «Hier ist England!» Die konnten noch Deutsch.

Ebenso angemessen ist es, das «Königreich der Niederlande» *Holland* zu nennen. Ja, so heißen nur zwei Provinzen der Niederlande – auf Holländisch. Auf Deutsch heißt so das ganze Land. Der Holländer Rudi Carrell hat es im deutschen Fernsehen nie anders genannt – und was schreien die sogenannten Niederländer, wenn sie ihre Fußballmannschaft anfeuern? «Holland!» schreien sie. Die «Niederlande» verhalten sich zu «Holland wie das «Postwertzeichen» zur «Briefmarke»: amtsdeutsch, weltfremd, blutleer.

Besonders ärgerlich ist, dass seit 1989 in deutschen Zeitungen für den Staat in Südasien statt des vertrauten «Burma» der Name *Myanmar* auftaucht, bloß weil putschende Generale die Umbenennung verordnet haben. Erstens sollten solche Leute nicht ins Deutsche hineinregieren dürfen, und zweitens wissen statt vielleicht 20 dann noch 2 Prozent der Zeitungsleser, wo das Land zu suchen ist.

Nicht anders bei den Städten. Wir sagen selbstverständlich *Mailand, Florenz* und *Prag* – nicht Praha, Milano und Firenze; Engländer und Franzosen sagen ebenso selbstverständlich nicht Köln, sondern *Cologne*. Nur in der DDR war es Journalistenpflicht, die Namen der polnisch gewordenen Städte ausschließlich polnisch wiederzugeben: *Szcze-cin* mussten sie schreiben, «Stettin» war verpönt. Wir haben die Freiheit, «Stettin» allein zu sagen oder einen der beiden Namen in Klammern zu setzen.

Peking kann auf Deutsch für alle Zeiten «Peking» heißen, auch wenn die amtliche chinesische Umschrift jetzt *Beijing* lautet. Schon fast vergessen ist, dass es für die slowenische Hauptstadt Ljubljana den deutschen Namen *Laibach* gibt und für die slowakische Hauptstadt Bratislava *Pressburg*. So sagen übrigens auch deutschsprechende Slowaken, wenn sie mit Deutschen oder Österreichern reden. Die können noch Deutsch.

18
Die leidige Leitkultur

Leithammel, Leitlinien und Leitmotive, Leitplanken, Leitsterne, Leitzinsen – das kennen wir alle; *Leitkultur* war im zehnbändigen Duden von 1999 noch nicht vorgesehen, und auch der Brockhaus von 2006 registriert sie nicht. Es war der in Göttingen lehrende, aus Damaskus stammende Islam-Forscher Bassam Tibi, der 1998 in seinem Buch «Europa ohne Identität» eine *Leitkultur für Europa* forderte, einen Katalog der Werte und der Normen; und es war der CDU-Abgeordnete und spätere Bundestagspräsident Norbert Lammert, der den CDU/CSU-Fraktionsvorsitzenden Friedrich Merz im Oktober 2000 anstiftete, auf einer Pressekonferenz für «eine deutsche Leitkultur» zu plädieren, der einbürgerungswillige Ausländer sich anzupassen hätten. Damit brach eine heftige Kontroverse aus: Grüne, Liberale und weite Teile der SPD machten in Reden und Leitartikeln (Leitartikeln!) geltend, verbindlich sei in Deutschland allein das Grundgesetz, und das sehe gerade keine Leitkultur vor, auch keine deutsche.

2004 setzte die CDU das Thema erneut auf die Tagesordnung: Alle in Deutschland lebenden Ausländer hätten «die freiheitlich-demokratische Leitkultur» anzuerkennen; «Multikulti» sei gescheitert. Die SPD widersprach diesmal nur mäßig, ja, der sozialdemokratische Innenminister Otto Schily erklärte seinerseits die «Multikulti-Seligkeit» zur Illusion; er warnte vor einem «Kulturrelativismus», der allzu leicht bereit sei, sich einer anderen, «vermeintlichen» Kultur unterzuordnen. In den Chor mischte sich die kämpferische Feministin Alice Schwarzer: Sie habe das

Multikulti-Ideal schon immer für «verlogen» gehalten, da sich allzu viele muslimische Männer an die Sure 4 des Korans hielten: «Wenn ihr fürchtet, dass die Frauen sich auflehnen, dann ermahnt sie, meidet ihr Ehebett und schlagt sie.»

Als Norbert Lammert 2005 Bundestagspräsident geworden war, griff er das Thema sogleich wieder auf: Die Gesellschaft brauche «ein kulturelles Fundament gemeinsam getragener Überzeugungen, ein Mindestmaß an Gemeinsamkeit». Die Grünen-Vorsitzende Claudia Roth sprach von einem «Begriffsunglück»; das Wort *Leitkultur* impliziere «eine nationalkulturelle Über- und Unterordnung». Volker Kauder, Vorsitzender der CDU/CSU-Fraktion des Bundestags, hielt dagegen: «Jetzt wissen wir, dass dieses Multikulti-Gesäusel uns der Integration von Ausländern kein Stück näher gebracht hat.»

Derselbe Kauder brachte indessen ein Wort ins Gespräch, das geeignet wäre, die merkwürdige Verengung der Debatte auf Kultur und Verfassung aufzubrechen: «Wer hier leben will, muss sich *nach der Hausordnung* richten.» Der Ostberliner Theologe Richard Schröder, SPD-Mitglied seit 1989 und 1990 in der letzten Volkskammer der DDR Vorsitzender der SPD-Fraktion, sagte es ähnlich und höchst anschaulich:

«Menschen sind von Natur Wesen, die eine Kultur brauchen», schrieb Schröder 2006 in der *FAZ*. «Sie brauchen sie zur Verständigung und zur Orientierung. Neben der normativen Orientierung darf die *Orientierung durch Üblichkeiten* nicht verloren gehen. Wie man grüßt und wie man feiert, ob Kopfschütteln Ja oder Nein bedeutet, das könnte alles anders sein ... Jeder sollte auch wissen, was es mit den deutschen Feiertagen auf sich hat. Es wäre jedenfalls nicht gut, wenn er Heiligabend und Karneval verwechselte.» (Und es wäre schön, wenn in Deutschland «kein türkischer Mann mehr seine Frau schwer bepackt zwei Schritte hinter sich herlaufen lässt», sagte 2005 die Grünen-Politikerin Renate Künast; erzwingen freilich lasse sich das nicht, und den Begriff «Leitkultur» lehnte sie ab.)

Auch Schröder meldete Vorbehalte dagegen an, fuhr jedoch fort, es sei «auch denjenigen nicht zuzustimmen, die erklären, die normative Grundlage unseres Zusammenlebens seien allein die Menschenrechte. Unsere Straßenverkehrsordnung lässt sich aber nicht aus den Menschenrechten ableiten ... Der Maßstab *erlaubt / verboten* ist zu eng. Es gibt auch die nicht erzwingbaren Verbindlichkeiten. Dazu gehören Fairness, Toleranz und der gesittete Umgang miteinander. Dazu gehört auch die Pflege unserer, der deutschen Kultur. Sie ist nichts Besonderes, aber etwas Bestimmtes ... Warum kümmere ich mich mehr um meine Kinder als um andere? Weil ich ihr einziger Vater bin. Fernstenliebe darf nicht zum Ersatz der Nächstenliebe werden.»

So weit der SPD-Politiker Richard Schröder. Eigentlich hat er nur das gesagt, was alle selbstverständlich finden – und was man in Dänemark, Ungarn, Argentinien jederzeit unbefangen «Leitkultur» nennen würde, wenn die Landessprache das hergäbe und ein Benennungsbedürfnis für das Selbstverständliche überhaupt bestünde. Der Däne, dem dänische Sitten und «Üblichkeiten» nicht lieber wären als portugiesische, ist noch nicht geboren. Gerade Dänemark hat 2006 beschlossen, dass an Schulen ein verbindlicher Kultur-Kanon gelehrt wird: Jeder Schüler soll mit mindestens 84 Werken dänischer Kultur (Literatur, Musik, Architektur, Malerei und mehr) vertraut gemacht werden und sie sich als «Rüstzeug dänischer Identität» einprägen.

Holland, jahrzehntelang gerühmt für seine Toleranz gegenüber Einwanderern und Asylbewerbern, hatte seine Politik schon 2002 nach dem Wahltriumph der Partei des fremdenfeindlichen Pim Fortuyn drastisch geändert: Ausweisung von Illegalen, gebremste Einwanderung, Pflicht zur Erlernung der Landessprache, forcierte Integration. Da dürfe keine «Parallelgesellschaft» entstehen – so der neue Leitbegriff. Als dann ein völlig assimilierter, holländisch sprechender Araber den Rachemord an dem Filmemacher Theo van Gogh begangen hatte, übten viele Holländer militante Vergeltung: Moscheen brannten, Kopftuchträgerinnen wurden beschimpft, die einstige Ausländerfreundlichkeit hatte sich weithin in Ausländerfeindlichkeit verwandelt.

In England hat die *Fabian Society*, ein der Labour-Party nahestehender Club einflussreicher Intellektueller, 2007 empfohlen, einen *Britain Day* einzuführen, einen neuen Feiertag, an dem die zunehmend zersplitterte Gesellschaft wieder auf gemeinsame Werte eingeschworen werden soll, die *Britishness* eben (wofür die Übersetzung «britische Leitkultur» sich anböte). Die hat freilich auch gröbere Züge: «Wer als Deutscher einmal miterlebt hat, wie Engländer feiern und Hymnen singen», sagte der Philosoph Peter Sloterdijk 2006 dem *Spiegel*, «meint unwillkürlich, der Faschismus sei auf die Britische Insel ausgewichen.»

In den USA, zumal in Kalifornien, wächst seit Jahren die Angst vor der rapide zunehmenden Hispanisierung: Die Zahl der Hispanics oder Latinos – meist Mexikaner – hat 40 Millionen überschritten und damit die der Schwarzen als stärkste Minderheit überholt. In Los Angeles machen sie schon die Hälfte der Einwohner aus; Kinderfreudigkeit und anhaltender Zuzug werden ihnen bald in ganz Kalifornien zur Mehrheit verhelfen. Und anders als alle Einwandererströme vor ihnen ballen sich die Latinos zusammen, sie weigern sich, Englisch zu lernen und sich den Landessitten anzupassen. Samuel Huntington, der 1993 mit seinem «Kampf der Kulturen» Furore machte, hat 2004 in seinem Buch «Wer sind wir?» vor der «bikulturellen Gesellschaft» gewarnt, die von Kalifornien aus im Entstehen sei; sie würde das Ende Amerikas bedeuten, so wie die Welt es kenne.

Und Deutschland? Deutschland staunte über sich (und die Welt über Deutschland), als wir uns 2006 während der Fußballweltmeisterschaft einen fröhlichen Patriotismus gönnten. «Wir werden uns daran erinnern, dass es gar nicht so schlimm war, stolz auf Deutschland zu sein, ohne auch nur ansatzweise zum Nazi zu mutieren», schrieb der Schriftsteller Thomas Brussig in der *Süddeutschen Zeitung.* «O, welches Wunder! Es ist die Erfahrung einer durchgehend deutschen Harmlosigkeit, die es mir erlaubt, jetzt auch mal fähnleinschwenkend zu feiern.» Nur die Gewerkschaft Erziehung und Wissenschaft war beleidigt: Angesichts der Millionen deutscher Fähnchen warnte sie vor «Stimmungen des Nationalismus und der deutschen Leitkultur».

Was aber hat dies alles mit der Frage zu tun, warum so viele Deutsche nach englischen Vokabeln süchtig sind – mindestens bei vergleichbarer Brauchbarkeit dazu neigen, das englische Wort vorzuziehen? Viel. Unsere selbstquälerischen Zweifel an deutscher Leitkultur, die Duckmäuserei der deutschen EU-Beamten, die Hasenherzigkeit des

Goethe-Instituts – sie alle sind Ausdruck derselben Gesinnung, der die Anglomanie entspringt: Alles Deutsche ist zweite Wahl! Und so soll es bitte bleiben.

Stolz auf Deutschland?

In jedem Land sind die Menschen stolz auf ihr Land, singen begeistert die Nationalhymne. Hier wird alles als Problem angesehen, ohne das Gute zu sehen. Wie soll ich die jüdischen Neuzuwanderer für dieses Land begeistern, wenn die Alteingesessenen so griesgrämig sind?

> Charlotte Knobloch,
> Präsidentin des Zentralrats der
> Juden in Deutschland,
> 2006 in der *Süddeutschen Zeitung*

In Deutschland führt das Kopftuch dazu, dass sich manche in ihren ethnischen Kolonien verschanzen. Darüber müssen wir reden. Zur Integration in Deutschland gehören zwei Sachen: eine tolerante, offene Gesellschaft, die Anderssein zulässt – und die Bereitschaft der Muslime, sich auf diese Gesellschaft zuzubewegen, deren Kultur gelten zu lassen und auch auf der symbolischen Ebene zu zeigen, dass sie dazugehören und gewisse Werte mitleben möchten.

> Ekin Deligöz, Bundestags-
> abgeordnete der Grünen,
> 2006 im *Spiegel*

Man hat in Deutschland sehr gut gelernt, die eigene Gesellschaft kritisch zu sehen, kaum aber, die gleiche kritische Elle auch an andere anzulegen ... Je fremder, desto besser. Nicht nur den Linken und Grünen hierzulande, aber ihnen besonders, fehlt eine Art aufgeklärter Patriotismus.

Natürlich hat es seine eigene Logik, dass wir uns wegen der Abgründe unserer Geschichte mit Patriotismus besonders schwer tun. Aber daraus eine moralische Hypertoleranz zu schlussfolgern, ist nicht nur geschichtsvergessen, sondern versagt vor der Wirklichkeit ... Ob es noch Chancen gibt, den Weg in die soziale und kulturelle Randständigkeit ganzer Bevölkerungsgruppen aufzuhalten, darüber entscheiden auch Sicherheit und Festigkeit, mit der diese Gesellschaft ihre eigenen Grundwerte verkörpert. Wie soll man anderen Orientierung bieten, wenn man selbst nicht weiß, wer man ist?

Die ideologische Frontstellung der vergangenen 20 Jahre muss weg. Konservative müssen begreifen, dass die Einwanderergesellschaft, die sie nicht wollen, längst da ist. Von Linken und Grünen ist zu verlangen, dass sie sich nicht mehr nur lauwarm zu Verbindlichkeiten, Leitbildern und Leitwerten bekennen. Sie müssen aufhören, stets Fremdenfeindlichkeit zu wittern, wenn jemand Probleme beschreibt, die Zuwanderung verursacht. Wenn es so weitergeht, wird Integration scheitern und die Gesellschaft noch weiter auseinanderbrechen.

> Hubert Kleinert, Professor für
> Politikwissenschaft, ehemaliger
> Bundestagsabgeordneter der
> Grünen, 2006 im *Stern*

Schlagworte der Leitkultur-Debatte

Leitkultur bedeutet in der Definition des Entwurfs der CDU von 2007 für ein neues Grundsatzprogramm: «Unsere gemeinsame Sprache, Geschichte sowie das Leben und Handeln in einem gemeinsamen Nationalstaat begründen ein patriotisches Zusammengehörigkeitsgefühl. Bedingungen unseres Zusammenlebens sind zuerst: die deutsche Sprache zu beherrschen, achtungsvoll dem Mitbürger zu begegnen und zu Leistung und Verantwortung bereit zu sein. Dieses umfassende Verständnis macht unsere Leitkultur in Deutschland aus und ist Grundlage für den Zusammenhalt unserer Gesellschaft.»

Patriotismus: Vaterlandsliebe. *Encyclopaedia Britannica*: «Devotion to one's country». Brockhaus (2006): «Vom Patriotismus ist der *Nationalismus* zu unterscheiden; der Übergang ist jedoch fließend.» Der zehnbändige Duden von 1999 dagegen sieht den Patriotismus «oft mit Überheblichkeit verbunden» – eine Deutung, die sonst nur und gerade dem Nationalismus (in der Steigerung: dem Chauvinismus) angelastet wird.

Verfassungspatriotismus: Laut Brockhaus (2006) die Idee, «den mehr gefühlsbetonten Patriotismus auf eine verfassungsgebundene demokratische Grundlage zu stellen oder ihn ganz abzulösen» – von Dolf Sternberger in den siebziger Jahren ins Gespräch gebracht; für Wolfgang Schäuble «eine zu dürre Grundlage», für den SPD-Politiker Klaus von Dohnanyi «eine merkwürdige Verirrung».

Kulturelle Kernkompetenz: Ein Begriff, den Bundestagspräsident Lammert (CDU) als mögliche Alternative zur *Leitkultur* ins Gespräch brachte (*Spiegel* 40/2006).

Schicksalsgemeinschaft: Ein Wort, das Volker Kauder, Vorsitzender der CDU/CSU-Fraktion im Bundestag, 2006 trotz gewisser Ankläge an die Nazi-Zeit in die Debatte warf: «Wer Deutscher werden will, muss sich auch zur deutschen Schicksalsgemeinschaft und damit zur deutschen Geschichte bekennen. Zudem muss er die deutsche Leitkultur akzeptieren.» (*Frankfurter Allgemeine Sonntagszeitung*, 16. 7. 2006)

Werteordnung: Die vollständige Beachtung der deutschen *Werteordnung* verlangte Bundesinnenminister Wolfgang Schäuble 2007 als Eintrittspreis für alle Muslime, die Deutsche werden wollen. In der *Süddeutschen Zeitung* kommentierte Heribert Prantl: Es gebe keine Werte außerhalb der Rechtsordnung; «die Kultur, die auf der Beachtung der deutschen Rechtsordnung beruht, mag man *Leitkultur* nennen. Sie ist eine Kultur des Zusammenlebens.»

Heimat: Der Ort oder die Region, wo man aufgewachsen ist oder sich zu Hause fühlt – so definiert sie der Duden in Übereinstimmung mit der populären Bedeutung. (In der Leitkultur-Debatte taucht das Wort im Allgemeinen nicht auf.) Der Brockhaus (2006) fügt in seinem sechsseitigen «Schlüsselbegriff» *Heimat* einen Imperativ hinzu: Zur Heimat gehöre auch «eine offene, auf Austausch mit dem ‹Fremden› bezogene und seine Integration ermöglichende Struktur» – Multikulti also und damit das Gegenteil des überlieferten Heimatbegriffs.

UND WAS KÖNNEN
WIR TUN?

19
Einfälle haben!

Achtzehn Jahre vor der Académie Française, 1617, trat auf Schloss Hornstein bei Weimar die *Fruchtbringende Gesellschaft* ins Leben – eine Initiative von vier deutschen Fürsten, die sich mit prominenten Dichtern zusammentaten, um «unsere edle Muttersprache, welche durch fremdes Wortgepränge wässerig und versalzen worden, in ihre uralte deutsche Reinigkeit einzuführen und von dem fremd drückenden Sprachenjoch zu befreien». Das Joch: das waren das Französische an den Höfen und das Lateinische an den Universitäten. Zugleich wandte sich die Gesellschaft gegen «ungeziemendes Reden» und «den Unflat bettlerischer Wortbesudelung»; auch für die Normung von Grammatik und Rechtschreibung trat sie ein.

Zu ihren Mitgliedern zählten Martin Opitz, den der Kaiser in Wien zum Dichter krönte, der schlesische Dichter Friedrich Freiherr von Logau, Andreas Gryphius, der bedeutendste Lyriker und Dramatiker des deutschen Barocks; auch Johann Michael Moscherosch, der 1643 reimte:

> Ihr bösen Teutschen,
> Ihr tut alles mischen
> Mit faulen Fischen
> Und macht ein Misch-Gemäsch,
> Ein faulen Hafen Käs.
> Wir hans verstanden
> Mit Spott und Schanden,
> Wie man die Sprach verkehrt
> Und ganz zerstört.

Die nachhaltigste Wirkung erzielte der weltgewandte Lyriker, Romancier, Essayist und Übersetzer Philipp von Zesen (1619–1689) – der erste Deutsche seit Luther, der sich systematisch um die Fortschreibung der deutschen Sprache bemühte. Ja, es stimmt, dass er vorschlug, die Pistole durch den *Meuchelpuffer* zu ersetzen; auch *Talmund* statt Echo und *Zitterweh* für Fieber hatten keine Chance. Aber eindrucksvoll – eben weil sie sich ganz selbstverständlich liest – ist die Liste deutscher Wörter, die er ersonnen und in der deutschen Sprachgemeinschaft durchgesetzt hat:

Abstand	statt	Distanz
Augenblick		Moment
Nachruf		Nekrolog
Schauspieler		Acteur
Tagebuch		Journal
Verfasser		Auteur
Vertrag		Contract

Der Nürnberger Literat Georg Philipp Harsdörffer (1607–1658) steuerte den *Briefwechsel* bei (für die Correspondenz), die *Zeitschrift* (fürs Chronographicon), das *Beobachten* (fürs Observieren). Doch, anders als die Académie Française, von keinem König unterstützt, gab die Fruchtbringende Gesellschaft 1680 ihren Geist auf.

Keineswegs aber war damit das Interesse an der Pflege des Deutschen erloschen. Gottfried Wilhelm Leibniz, der berühmteste Universalgelehrte seiner Zeit, publizierte zwar, wie üblich, auf Lateinisch, forderte jedoch 1697 in seinen «Unvorgreiflichen Gedanken betreffend die Ausübung und Verbesserung der deutschen Sprache», eben sie zu stärken, vor allem durch die Wiederbelebung abgestorbener Wörter.

1767 rief Lessing in Hamburg das erste «Nationaltheater» ins Leben, so genannt, weil es das *deutsche* Schauspiel fördern sollte. Im 100. Stück seiner «Hamburgischen Dramaturgie» schrieb er dazu böse: «Wir sind noch immer die geschworenen Nachahmer alles Ausländischen, besonders noch immer die untertänigen Bewunderer der nie genug bewunderten Franzosen; alles, was uns von jenseit dem Rheine kömmt, ist schön, reizend, allerliebst, göttlich; lieber wollen wir Plumpheit für Ungezwungenheit, Frechheit für Grazie, Grimasse für Ausdruck, ein Geklingle von Reimen für Poesie uns einreden lassen als im geringsten an der Superiorität zweifeln, welche dieses erste Volk in der Welt, wie es sich selbst sehr bescheiden zu nennen pflegt, in allem, was gut und schön und erhaben und anständig ist, von dem gerechten Schicksale zu seinem Anteile erhalten hat.»

Das berühmteste Nationaltheater wurde das zu Mannheim, das Kurfürst Karl Theodor von der Pfalz 1779 gründete – wie Lessing durchaus in der politischen und sprachpolitischen Absicht, die französische Dominanz auf deutschen Bühnen zu brechen. Hier wurden 1782 Schillers «Räuber» uraufgeführt, mit Tränen, Schreien und Tumult im Publikum – und nach Goethes «Werther» und «Götz von Berlichingen» (beide 1774) hatte das Deutsche nun vollends europäische Geltung erlangt.

Zwischen 1807 und 1811, inmitten der Goethe-Zeit, erschien ein fünfbändiges «Wörterbuch der deutschen Sprache», verfasst von dem Pädagogen und Jugendschriftsteller Joachim Heinrich Campe, der 1792 in Paris zum Ehrenbürger der Französischen Revolution ausgerufen worden war. Noch einfallsreicher als Philipp von Zesen, bot Campe darin unter anderem folgende Eindeutschungen an:

Ausflug	statt	Exkursion
Bittsteller		Supplikant
Erdgeschoss		Parterre
Gesundheitsamt		Collegium Sanitatis
Hochschule		Universität
Kreislauf		Zirkulation
Leidenschaft		Passion
mehrfach		multipel
Mehrzahl		Plural
Schlafwagen		Dormeuse
Stelldichein		Rendezvous
ursächlich		kausal
Zartgefühl		Délicatesse

Dazu erfand Campe Wortzusammensetzungen ohne Vorbilder in anderen Sprachen: *feinfühlig, mutterseelenallein*. Jacob Grimm urteilte im Vorwort zum «Deutschen Wörterbuch» von 1854, oft habe Campe überzogen, nämlich «auch wertlose und ungeweihte Zusammensetzungen geschweißt»: *Lehrbote* für Apostel, *Larventanz* für Maskerade, *Singeschauspiel* für Oper; das komme dem, was er verdeutschen solle, «kaum auf halbem Weg nahe». Richtig – und doch kein gravierender Einwand: Campe hat den Deutschen Angebote gemacht, und die guten, ja vortrefflichen unter ihnen hat die Sprachgemeinschaft übernommen; Angebote kriegen kann sie gar nicht genug.

1874, drei Jahre nach der Gründung des Deutschen Reiches, erfolgte Bismarcks Weisung an die Post (Seite 137). 1885 gründete der Schriftsteller Hermann Riegel den *Allgemeinen Deutschen Sprachverein*, der «Verdeutschungswörterbücher» herausgab. Sie wollten oft auch das Praktische und allgemein Bekannte germanisieren (*netto* – «rein, wirklich, nutzbar, bar, ohne Abzug» oder *energisch* – «entschieden, nachdrücklich, entschlossen, schneidig, durchgreifend, gebieterisch»). Zwischen den Weltkriegen wurde es still um den Sprachverein; 1947 wurde er als «Gesellschaft für deutsche Sprache» neu gegründet. Sie konzentriert sich auf Auskünfte und Anregungen zum korrekten Sprachgebrauch.

Die Invasion der Anglizismen begann, einer verbreiteten Annahme zuwider, *noch nicht* 1945. Einzelne auffallende Wörter wie das *Walkie-Talkie* wurden freudig aufgenommen – aber die Westdeutschen hatten durchaus noch das Herz, für frisch ins Gespräch gekommene englische Begriffe nach deutschen Entsprechungen zu suchen. Dafür gibt es vier schöne Beispiele.

1947 prägte der amerikanische Publizist Walter Lippmann den Begriff *Cold War* – und ganz selbstverständlich wurde im deutschen Sprachraum daraus der *Kalte Krieg*. 1948 beschlossen Amerikaner und Engländer, das von Stalin blockierte Westberlin aus der Luft zu versorgen – mit einem *Airlift*, britisch dem *Big Lift*. Obgleich der «Lift» den Deutschen längst vertraut und die Zusammensetzung kurz und knackig war, machten sie die *Luftbrücke* daraus.

In den fünfziger Jahren begannen sich bei uns die in den USA erprobten *Self-Service*-Geschäfte breitzumachen – wiederum mit zwei ohnehin halb verständlichen, nicht sehr exotisch klingenden Wörtern (verglichen etwa mit dem *Human Resources Department* oder dem *Shareholder Value*). Doch im Nu, erneut ohne Beschluss oder namentlich bekannten Urheber, war daraus die *Selbstbedienung* geworden. Und als im Koreakrieg (1950–1953) Gerüchte in den Westen drangen, amerikanische Kriegsgefangene würden unter Folter zur Umpolung ihres Denkens gezwungen – da machten die Amerikaner aus dem chinesischen *hsi-nao*, Waschen des Gehirns, das *brainwashing* und die Deutschen mühelos die *Gehirnwäsche*.

Eigentlich hätte die deutsche Neigung zur Verachtung alles Deutschen so kurz nach dem Zweiten Weltkrieg bessere Gründe gehabt als ein halbes Jahrhundert danach. Warum herrschte damals trotzdem noch ein so unbefangenes Verhältnis zur Muttersprache? Vermutlich, weil *die vier großen Invasionen aus Amerika* noch gar nicht stattgefunden hatten.

Nicht das *Fernsehen* (ARD seit 1954) mit seinem Übergewicht an Filmen und Serien aus Hollywood, zumal im Privatfernsehen (1984: RTL und SAT 1). Auch wenn wir sie überwiegend auf Deutsch zu hören bekommen, so haben sie doch ihren Beitrag dazu geleistet, die amerikanische Lebensart für die dominierende und eigentlich erstrebenswerte zu halten; so wurde dem Siegeszug amerikanischer Moden und Produkte der Weg bereitet.

Nicht der Triumph der *Rock- und Popmusik* (seit 1956 Elvis Presley, seit 1962 die Rolling Stones, seit 1963 die Beatles). Während die früheren Modewellen der Musik – der Wiener Walzer, der Charleston, der Jazz – überwiegend ohne Worte kamen, ist die Popmusik völlig auf den Gesang gestellt; und so hörte der deutsche Schüler vor der Schule meist mehr Englisch aus dem Radio als Deutsch am Frühstückstisch.

Auch die Massenverbreitung des *Computers* (und mit ihm des Jargons aus dem Silicon Valley) setzte erst 1981 ein, als der Personal Computer auf den Markt kam.

Schließlich, in den letzten zwanzig Jahren, die *Globalisierung* der Weltwirtschaft. Ihre internationale Verflechtung hat die Bedeutung des Englischen objektiv erhöht –

und subjektiv die Versuchung oder den Ehrgeiz gesteigert, sich des Welt-Idioms zu bedienen; auch dort, wo dies überflüssig, verständniserschwerend, wichtigtuerisch oder einfach albern ist – das Thema dieses Buches. «Mit dem Siegeszug der Globalisierung», schrieb die Schweizer Zeitschrift *Facts* 2007, «wurden englische Ausdrücke zu Prestigeobjekten in der Wirtschaftswelt.»

Bismarcks Verdienst

Auf Weisung des Reichskanzlers übersetzte die Reichspostverwaltung nicht weniger als 760 französische und italienische Fachwörter ins Deutsche; mit der Postverordnung vom 21. Juni 1875 wurden die deutschen Begriffe verbindlich. Überwiegend sind sie uns so selbstverständlich, dass wir einräumen müssen: Auch Behörden können zuweilen Sprachgefühl entwickeln. Auf der Liste standen beispielsweise:

Briefumschlag	statt	Couvert
einschreiben		recommandieren
Postanweisung		Mandat
Postkarte		Correspondenzkarte
postlagernd		poste restante
Rückschein		Retour-récépissé

Das Velociped ...

... und andere Eindeutschungen, deren Urheber nicht exakt bekannt sind

im 14. Jahrhundert	Vollmacht	statt	plenipotentia
	Zufall		accidens
im 17. Jahrhundert	Jahrhundert		saeculum
	Nebensache		parergum
	Oberfläche		superficies
	Schriftsteller		Skribent
	Wörterbuch		Idioticon
im 18. Jahrhundert	Geschmack		gusto
	Minderheit		minorité
	Schöngeist		bel-esprit
	Tatsache		matter of fact
um 1800	Koks		cokes
	Schal		shawl
im 19. Jahrhundert	Scheck		cheque
	Selbst-verwaltung		self-government
nach 1871	Abteil		Coupé, Kupee
1889	Fahrrad		Velociped
nach 1905	Flugzeug		Aeroplan

Einrichtungen für Sprachkultur

Deutsche Akademie für Sprache und Dichtung (Darmstadt)
E-Mail: sekretariat@deutscheakademie.de
Die Deutsche Akademie für Sprache und Dichtung widmet sich der Pflege und Förderung der deutschen Sprache und Literatur. Sie spricht sich gegen einen übermäßigen Gebrauch von Anglizismen aus. Mitglieder sind Autoren und Wissenschaftler aus dem In- und Ausland. Zu ihren Aufgaben gehören Veranstaltungen zur Sprache, zur Literatur und zur Kulturpolitik, Preisverleihungen, die Herausgabe verschiedener Publikationen. 2002 hat sie empfohlen, eine SPRACHSTELLE einzurichten, in der Übersetzer, Wissenschaftler und Wörterbuchverlage «durchsichtige Ausdrücke» vorschlagen sollten; 2007 existierte die Stelle noch nicht.

Deutscher Sprachrat (München)
E-Mail: deutscher_sprachrat@goethe.de
Der Deutsche Sprachrat ist eine Form der Zusammenarbeit des Goethe-Instituts, des Deutschen Akademischen Austauschdienstes, des Instituts für deutsche Sprache und der Gesellschaft für deutsche Sprache. Er möchte die Position der deutschen Sprache im In- und Ausland stärken und durch Beratung und Information die Sprachkultur fördern. Zu diesem Zweck arbeitet er mit Medien zusammen. Der Sprachrat lehnt es ab, sich mit dem Problem der Anglizismen zu befassen.

Gesellschaft für deutsche Sprache (Wiesbaden)
E-Mail: sekr@gfds.de
Die weitgehend aus öffentlichen Mitteln finanzierte Gesellschaft für deutsche Sprache möchte die Sprachentwicklung beobachten. Sie will durch ihre Empfehlungen für den

Sprachgebrauch das Sprachbewusstsein der Öffentlichkeit beleben. Mit «Denglisch» befasst sie sich nicht. Alle zwei Jahre verleiht sie den Medienpreis für Sprachkultur.

Initiative Deutsche Sprache (Berlin)

E-Mail: wellmann@initiative-deutsche-sprache.de

Die Initiative Deutsche Sprache hat das Ziel, Interesse an der deutschen Sprache im In- und Ausland durch Projekte und Öffentlichkeitsarbeit zu wecken und das sprachliche Selbstbewusstsein zu stärken. Mit Anglizismen beschäftigt sie sich nicht. Sie wurde 2004 als Kooperationsform der Gemeinnützigen Hertie-Stiftung und des Goethe-Instituts gegründet. Gefördert wird sie vom Stifterverband und von der Heinz-Nixdorf-Stiftung.

Institut für deutsche Sprache (Mannheim)

E-Mail: trabold@ids-mannheim.de (Dr. Annette Trabold)

Das aus öffentlichen Mitteln finanzierte Institut für deutsche Sprache (IDS) ist für die Erforschung und Dokumentation der Gegenwartssprache und ihrer Geschichte zuständig und möchte zur Förderung der sprachlichen Kultur in Deutschland beitragen. Neben der Forschung zur Grammatik, zum Wortschatz, zur gesprochenen Sprache oder zur Text- und Diskursgeschichte bietet das IDS verschiedene Dienste an.

Stiftung Deutsche Sprache (Berlin)

E-Mail: auskunft@stiftungds.de

Die Stiftung Deutsche Sprache wurde 2001 gegründet. Sie fördert Projekte, die den Schutz der deutschen Sprache zum Ziel haben, und wendet sich gegen die schädlichen Einflüsse durch viele Massenmedien und durch die Werbung. Außerdem setzt sie sich für eine gründliche sprachliche Erziehung in der Schule ein. Sie finanziert sich ausschließlich aus Spenden und steht dem Verein Deutsche Sprache nahe.

Verein Deutsche Sprache e.V. (Dortmund)
E-Mail: info@vds-ev.de
Der Verein Deutsche Sprache wendet sich gegen die zunehmende Anglisierung der deutschen Sprache und will einen
Beitrag zur Bewahrung der deutschen Sprache und ihrer
Weiterentwicklung leisten. Seine Aktionen wenden sich vorrangig gegen «Denglisch». Er gibt die Zeitschrift «Sprachnachrichten» heraus und unterhält eine Beratungsstelle zur
Vermeidung von Anglizismen.

20
Die Öffentlichkeit mobilisieren

Da taten sich also 2005 in Regensburg vier in höchstem Grade sprachinteressierte Männer zusammen (am Schluss des Kapitels stellen sie sich vor), die sich in der Verachtung der überflüssigen, unverständlichen, albernen unter den Anglizismen einig waren. Sie beschlossen: Den Kampf gegen solche Missgeburten wollen wir systematisieren. Der streitbare *Verein deutsche Sprache* (Seite 147) stellt sich für die Organisation zur Verfügung; einen neuen Verein, auch nur einen Club gründen wir nicht – wir verabreden lediglich eine Methode des Zusammenwirkens, und der geben wir den Namen *Aktion «Lebendiges Deutsch»*.

Auf Misstrauen und Missgunst zu stoßen, daran gewöhnten die vier sich rasch. Der häufigste Vorwurf lautet: «Es ist unvermeidlich, dass das Englische sich im Deutschen vorarbeitet – ihr kämpft gegen Windmühlen.» Warum wir das für falsch halten, steht in den Kapiteln 2 bis 6. Ähnlich häufig wird uns vorgeworfen, wir betrieben eine antiquierte und verdächtige Deutschtümelei, eine Hexenjagd auf alle Anglizismen. Dass dies eine törichte oder böswillige Behauptung ist, davon handelt das ganze Buch.

Manchmal bekommen wir die kritische Frage zu hören: «Wer oder was legitimiert euch eigentlich, der deutschen Sprache eure Meinung aufzunötigen?» Schon die Frage aber enthält zwei Fehler. Zum Ersten: Von «aufnötigen» kann keine Rede sein; wir haben weder die Macht noch den Willen, die Deutschsprachigen mit «Vorschriften» zu behelligen. Wir machen bloß *Angebote* – und die Sprachgemeinschaft wird entscheiden, ob unser Angebot stimmig ist und genügend Charme besitzt, ob sie es also akzeptiert, verwirft oder vergisst; wie dies auch den Anbietern Philipp von Zesen und Johann Heinrich Campe widerfahren ist (im vorigen Kapitel nachzulesen). Wenn jedes zweite, jedes dritte unserer Angebote angenommen würde, wären wir zufrieden.

Der zweite Fehler in der Frage, was uns legitimiere, ist die Unterstellung, es sei nötig und üblich, sich für jede Einwirkung auf die Sprache zu rechtfertigen. Werbetexter, Sportreporter, Rap- und Schnulzensänger müssten dann ja schier ersticken an solchem Legitimationszwang. Auch Luther hat nicht lange gefackelt – er hat gehandelt. Jeder darf das, und auch der Geringste hat einen Einfluss auf seine Muttersprache. Deutschlehrer, Vielredner, Berufsschreiber haben mehr davon. Wer dennoch nach Legitimierung sucht, dem können wir antworten: Zur Sprache unterhalten wir ein Liebesverhältnis; wir neigen dazu, vor dem Schreiben zu grübeln; und uns treibt weder eine merkantile Absicht an (wie alle Werber) noch politische Besessenheit (wie Alice Schwarzer, Kapitel 5).

Neu an unserer Arbeit ist die Systematik, mit der wir zu Werke gehen. Reden, Artikel, Forderungen und Anprangerungen gibt es ja reichlich, und gern begegnen wir dort unseren Verbündeten. Aber, fragten wir uns 2005: Wie wäre es, wenn wir unsere Landsleute *allmonatlich* auf dumme Anglizismen stießen und ihnen deutsche Alternativen dazu anböten? Dafür müssten wir dpa gewinnen, die *Deutsche Presse-Agentur*, den größten und einflussreichsten Verbreiter von Informationen im deutschen Sprachraum.

So geschehen: Seit Februar 2006 übermittelt dpa jeweils am ersten Sonntag des Monats unsere *Drei Wörter des Monats* allen Nachrichtenredaktionen in Presse, Radio und

Fernsehen. Meist machen Dutzende dieser Redaktionen davon Gebrauch, oft über fünfzig, manche mit Würdigungen, Hintergrundberichten oder Interviews. Ein solcher Widerhall kann auf die Dauer eine gewisse Wirkung nicht verfehlen. In jedem Fall erfüllt er uns mit der Genugtuung, Zehntausende unserer Landsleute zum liebevoll-kritischen Umgang mit der Sprache angestiftet zu haben.

Welche drei Anglizismen wählen wir aus? Grundsätzlich solche, die mindestens zwei Bedingungen erfüllen: Sie müssen ziemlich bekannt sein, zum Beispiel oft in der Zeitung stehen; und wir müssen sie als ärgerlich empfinden – weil sie hässlich, sperrig, aufgeblasen sind oder weil sie vermutlich von vielen, die es angeht, nicht verstanden werden. Nie also fiele es uns ein, jene populären Einsilber auf die Liste zu setzen, die dieses Buch gleich im ersten Kapitel lobt – selbst wenn sie uns ein kurioses Schriftbild zumuten wie der *Clown*.

Per E-Mail verständigen wir uns, welche Übersetzung wir anbieten (zum Beispiel *Pole Position* = Startplatz 1), für welches Wort wir eine deutsche Entsprechung suchen (zum Beispiel *Fast Food*) und für welche Einsendungen auf das Suchwort des Vormonats wir uns entscheiden wollen; da verstehen wir uns als die Jury. Dieser dritte Teil der Arbeit ist der komplizierteste und meist der Beginn eines großen Kopfzerbrechens. Am Beispiel BLACKOUT sei es erzählt.

Blackout kann den totalen Stromausfall bezeichnen und hat zusätzliche Bedeutungen im Theater, in der Physik, in der Raumfahrt und beim Militär. Gesucht war nur die beste Übersetzung für die *populäre* Bedeutung – laut Duden ein «plötzlich auftretender, kurz dauernder Verlust des Bewusstseins oder des Erinnerungsvermögens».

Nicht weniger als 1758 Vorschläge gingen ein. Sie liefen, wie immer, zusammen bei Holger Klatte, wissenschaftlicher Mitarbeiter an der Professur für Deutsche Sprachwissenschaft der Universität Bamberg. Er sondert zunächst Grüße, Lobe, Beleidigungen aus (auch die gibt es). Die Wörter werden im Computer alphabetisch erfasst (Bindestriche und Kommas schaffen zusätzliche Probleme). Die gleich lautenden Wörter werden addiert und den Juroren in der Reihenfolge ihrer Häufigkeit übermittelt. Jeder Einsender bekommt einen Dankbrief.

Unter den 1759 Einsendungen für *Blackout* – vom *Abschalten* bis *Zündstörung* – waren die häufigsten:

Aussetzer	368
Filmriss	124
Ausfall	36
Denkblockade	36
Denkloch	32
Gedächtnislücke	32
Erinnerungslücke	25
Kurzschluss	25
Totalausfall	25

Sechssilbige Wörter wie *Erinnerungslücke* scheidet die Jury automatisch aus: Sie haben gegen das Fremdwort mit seinen zwei Silben keine Chance. Ebenfalls zwei Silben sind erstrebenswert, mehr als drei kaum erträglich. Auch den *Totalausfall* streichen wir, weil er zu dicht an der schieren Ohnmacht liegt; ebenso *Zusammenbruch, Verhaltenskollaps, Umnachtung*. Wir schmunzeln über die *Ladehemmung*, das *Politiker-Syndrom* und (trotz ihrer sieben Silben) auch über die *Oberstübchenblockade*. Und dann wird's Ernst.

Jedes der vier Jury-Mitglieder bildet sich eine erste Meinung: Ist ein Angebot darunter, das ich perfekt finde?

(4 Punkte) oder sehr gut (3), gut, passabel, indiskutabel
(2 – 1 – 0)? Die Abrede lautet: Ein Wort, das auf 13 Punkte
kommt (dreimal 4 plus 1 oder dreimal 3 plus 4), ist automatisch beschlossen. Aber 13 Punkte im ersten Anlauf gab
es noch nie. Hier heißt das Resultat zunächst:

Aussetzer	10	(4 – 3 – 3 – 0)
Denkloch	9	(4 – 3 – 2 – 0)
Filmriss	5	(4 – 1 – 0 – 0)
Hirnblock	4	(3 – 1 – 0 – 0)
Hirnriss	3	(2 – 1 – 0 – 0)

Nun beginnt das Hin- und Her-Mailen (*mailen* übrigens als Verbum: da könnte die *E-Post* nicht mithalten,
und deshalb gibt es in der Jury keine Mehrheit für sie).
Einer mailt den drei anderen: «Ich habe starke Bedenken
gegen Denkloch (erst recht gegen Hirnblock und Hirnriss): es ist ein brutales Wort. Ich würde mich, wenn es
mir öffentlich passierte, vielleicht für einen Aussetzer entschuldigen, aber nie dafür, ein Denkloch gehabt zu haben
(genauer: in eines gefallen zu sein), und auch nur meinen
schärfsten Gegner würde ich eines solchen beschuldigen.
Für Hirnriss usw. gilt das erst recht. Duden kennt den
Aussetzer als ‹plötzlichen, vorübergehenden Ausfall von
etwas›, den *Filmriss* sogar als ‹plötzlich auftretenden Verlust des Erinnerungsvermögens, Blackout›. Die Metapher
ist also schon etabliert – und sich an sie anzuhängen,
dagegen spricht gar nichts. Ich bitte daher um eine nochmalige Bewertung der ersten drei: Aussetzer – Denkloch –
Filmriss.»

So kommt im zweiten Durchlauf eine Mehrheit für den
Aussetzer zustande. Dass er zugleich der Favorit der Einsender ist, freut die Jury und bestätigt sie: daran gebunden
fühlt sie sich nicht.

Und dann gibt es die Fälle, wo wir auf ein deutsches Angebot ausdrücklich verzichten. Sie sind fünferlei Art.

Zum Ersten solche Wörter, die, obwohl nicht deutsch geschrieben oder ausgesprochen, im Deutschen völlig zu Hause sind: Baby, Boiler, Bowle, Cowboy, Couch.

Zum Zweiten Wörter, die zwar weniger selbstverständlich klingen, bei denen wir aber registrieren müssen: Der Zug ist abgefahren. Das *Mountain-Bike* lässt sich nicht mehr retten, das *Mailen* wird dem «Posten» oder dem «E-Post-Versenden» immer überlegen sein.

Zum Dritten: Englische Wörter mit mehr als einem Dutzend Bedeutungen, die nur durch ebenso viele deutsche Wörter wiedergegeben werden können – und sollten. *Cluster* beispielsweise ist ein ärgerliches Modewort in Wirtschaft, Wissenschaft und Bürokratie, aber es heißt nicht nur Anhäufung, Menge, Büschel, sondern auch Bienenschwarm, astronomisch: Sternhaufen, medizinisch: Zellwucherung, militärisch: Ordensspange, und eigene Bedeutungen hat es obendrein in der Informatik, der Musik, der Physik, der Raumfahrt und der Sprachwissenschaft. Dafür gibt es *zwanzig* deutsche Wörter, und präziser als *cluster* ist jedes. (So viel über den *Exzellenzcluster*, den die Deutsche Forschungsgemeinschaft eingerichtet hat.)

Viertens verzichten wir aufs Eindeutschen bei jäh auftauchenden Begriffen, die sich möglicherweise als *verbale Eintagsfliegen* erweisen. Die wollen wir nicht durch eine schöne deutsche Entsprechung verewigen – nicht den *Rail Marshall* beispielsweise, der im Sommer 2006 nach einem fast gelungenen Bombenattentat durch die Presse geisterte (ein Zugpolizist also, ein Schienen-Cop).

Und schließlich: solche Wörter, denen man beim Versuch, sie einzudeutschen, anmerkt, dass sie aus lauwarmer

Watte sind. So hatten wir als Suchwort das *Anti-Aging* ausgeschrieben. Die häufigste Nennung war der *Jungbrunnen* vor der *Altersbremse*; die meisten Einsender schienen zum Spott aufgelegt und schickten uns den *Rostschutz* und den *Runzelblocker*, den *Faltenbügler* und die *Schrumpelbremse*. Herrlich, diese deutsche Sprache, herrlich die Phantasie derer, die sie benutzen! Nur ein zumutbares deutsches Wort war nicht dabei (*Jungbrunnen* – das wäre ja schiere Werbung gewesen). So waren wir beeindruckt von jenen Einsendern, die uns empfahlen, statt des wolkigen Modeworts lieber eines der zehn oder zwanzig Wörter für den jeweiligen Einzelfall zu verwenden – am meisten aber von dem, der uns mailte: «Was da stattfindet, ist nichts, was einer Benennung bedarf, in welcher Sprache auch immer.» Falsch gesucht – nichts gefunden – seufzend begraben.

Die *Wellness* haben wir daraufhin gar nicht erst auf die Liste gesetzt, bestätigt von der Fachzeitschrift *Werben & Verkaufen*, in der es 2006 hieß: «Wellness, das Lieblingsthema vieler Frauenmagazine, verliert an Zugkraft. Das Modewort ist abgenutzt und überstrapaziert. Der Begriff franst an allen Ecken und Enden aus.»

Ausfransen – das ist ein milder Tod. Möchten viele solcher Wörter ihn sterben.

44 Angebote der Aktion «Lebendiges Deutsch»

statt	empfiehlt die ALD (und freute sich über)	
Airbag	**Prallkissen** Luftknödel, Autopuffi, Bum-Zisch-Boing	Den Airbag ließ Daimler-Benz sich 1971 patentieren. Luft enthält er gar nicht – sondern Stickstoff und einen pyrotechnischen Gasgenerator. Wurde er *deswegen* englisch benannt?
Benchmark	**Messlatte**	
Blackout	**Aussetzer** Schlappschuss, Hirnriss, Synapsen-Schaden	Auf S. 150 ff. vorgestellt.
Blockbuster	**Straßenfeger** Kassenknaller, Glotzenlocker	
Body Guard	**Leibwächter**	
Brainstorming	**Denkrunde** Grübelplausch, Synapsen-Tango, Bullshit-Bingo	Rekordbeteiligung: 4426 Einsender aus 22 Nationen auf allen Kontinenten schicken 10 380 Vorschläge, darunter 3805 verschiedene. Wird auf S. 161 vorgestellt.
Break	**Pause**	
briefen	**einweisen**	

Call Center	**Rufdienst**	1721 Vorschläge. Der
	Laberbude, Bim-	häufigste: *Telefonzentrale.*
	melbüro, Babbel-	Aber die hat 6 Silben statt
	stub'	3, und für solche Wörter
		sieht die Jury keine
		Chance.
Checkliste	**Prüfliste**	
Computer	**Rechner**	Das ist kürzer, heißt das-
		selbe und wird gerade
		unter Informatikern oft
		bevorzugt.
Countdown	**Startuhr**	Siehe S. 160
Cursor	**Blinker**	
Deadline	**Termin**	
Display	**Sichtfeld**	
E-Commerce	**Netzhandel**	
Event	**«Hingeher»**	Event als «Hingeher» ein-
	Freuzeit,	zudeutschen hat viel Wi-
	Megaschote,	derspruch erzeugt: ein
	Schickimickifeier	Hingeher sei doch ein
		Mensch und keine Sache.
		Auch der *Schraubenzieher*
		aber ist kein Mensch, der
		Zubringer kein Postbote
		und ein *Vatermörder* kei-
		neswegs der Sohn, son-
		dern Großvaters altmo-
		discher Stehkragen.
		Gewiss: *Blitzableiter*
		heißt der Gegenstand,
		der Blitze ableitet, das
		handelnde Subjekt also –

der *Hingeher* aber ist nichts, was irgendwo hinginge. Doch auch der *Anhänger* hängt nicht an, er wird angehängt; der *Hingucker* guckt nicht hin, sondern er ist das, worauf Menschen gucken, und der *Hingeher* das, wohin sie gehen. Zugleich wird damit der Spaßcharakter des Events getroffen.

Factory Outlet	**Werkverkauf**	
Fast Food	**Schnellkost Eilmampf** Schlung, Hatzfraß, Ruckizuckifutti	3463 Einsendungen. Weitere hübsche: Haps, Schmampf, Issfix, Flinkie, Dampfmampf, Hudelmahl, Trottelfutter, Fett-Reinwürger. In der satirischen Kolumne «Zippert zappt» (*Welt*, 15. 6. 2006) hieß es dazu: «Fast Food ist ja schon zur Hälfte deutsch. Man bezeichnet damit eine Substanz, die man *fast* essen kann.»
Flatrate	**Pauschale**	
Flyer	**Handzettel**	
Happy Hour	**Blaue Stunde**	
Homepage	**Startseite**	

Junkbonds	**Schrottanleihen**
just-in-time	**termingerecht**
Laptop, Notebook	**Klapprechner**
mobben	**meuten** gruppenpöbeln, mürbsticheln
Newsletter	**Info-Brief**
No-go-area	**Meidezone** Zoffzone, Hau-ab-Revier
Nordic Walking	**Sportwandern**
online / offline	**im Netz /** **vom Netz**
Pay-TV	**Zahlkanal** Schröpfkanal, Zasterglotze, Cash-kuck
Pole Position	**Startplatz 1**
Public Viewing	**Schau-Arena**
scannen	**einlesen**
Shareholder Value	**Aktionärsnutzen**
Slogan	**Spruch** Hirnwurm, Wort-fahne, Kaufkitzel
Small Talk	**Plauderei** Beischwatz, Schmalz-balz, Gefloskel

Spam	**E-Müll** Netznepp, Netz- pest, Sülzpost, Mo- gelpost, Quälmail
Stalker	**Nachsteller**
Stand-by	**Standstrom** Dauerbrenner, Groschengrab
Timing	**Zeitwahl**
Website	**Netzauftritt**
Workshop	**Arbeitstreff** Schafftreff, Bastel- mühle

Wie aus dem Countdown die Startuhr wurde

«Fällt Ihnen ein deutsches Wort für COUNTDOWN ein?» Das war, im Februar 2006, der erste Versuch der *Aktion «Lebendiges Deutsch»*, Sprachfreunde und Tüftler zugunsten der deutschen Sprache zu mobilisieren. Dass da gleich 507 Antworten kamen, verblüffte die Jury (später ging meist das Fünffache ein). 220 der Vorschläge waren verschieden, von *Ablauffrist* bis *Zielabzählung*. Die vier «Macher» einigten sich zunächst auf ein paar Auswahlkriterien.

Erstens: Das deutsche Wort sollte möglichst nur zwei, höchstens drei Silben haben – sonst ist seine Chance, sich gegen *Countdown* durchzusetzen, zu gering. Fünfsilber wie *Restzeitansage* oder *Startpunktabzählung* schieden also aus. Zweitens*: Rückzählen* und *Herunterzählen* – die häufigsten Nennungen – haben einen Nachteil: Sie verfehlen die Vorwärtsbewegung, um die es sich doch handelt. Das *down* in *Countdown* verpasst sie zwar auch – aber warum sollte das deutsche Wort nicht besser sein als das importierte? Der *Schauspieler* ist ja auch besser als der französische *acteur*, aus dem er einst hervorgegangen ist.

Außerdem glaubten sechs der Einsender sich zu erinnern, dass *countdown* ursprünglich die Übersetzung eines *deutschen* Wortes war, nämlich des *Herunterzählens*, wie Wernher von Braun es in Peenemünde für seine Raketen gegen England verwendete. Damit wäre zwar das *Herunter* legitimiert – aber die Verwandtschaft mit Peenemünde gefiel uns nicht.

So einigten wir uns nach einigem Hin und Her auf eine engere Wahl, nämlich fünf Zweisilber: *Nullzeit, Startuhr, Sanduhr, Vorlauf, Zählstart.* Dann fiel die *Sanduhr* durch, weil ihr stilles, gemächliches Wirken dem Vorwärtstreibenden, ja Aufgeregten des Countdown widerspricht. Den Ausschlag gab schließlich: Der typische Satz «Der Countdown läuft» müsste eine ebenso dynamische deutsche Entsprechung finden – und die konnte nur heißen: «Die Startuhr läuft». *Startuhr* also.

Der Synapsen-Tango

Zum BRAINSTORMING schlugen 4426 deutsche Muttersprachler aus allen Kontinenten 10380 Eindeutschungen vor – viele deckungsgleich, 3805 aber verschieden, 40 eng bedruckte Seiten voll. Die Strapaze, das alles zu lesen, wurde der Jury alsbald erleichtert durch schiere Begeisterung – einerseits über das Engagement und die feurige Phantasie so vieler Einsender, andrerseits durch die Begegnung mit einer Buntheit und Biegsamkeit des Deutschen, wie man sie so geballt sonst kaum je erleben kann.

Nur zu gern hätte die Jury der Öffentlichkeit ein Dutzend deutscher Wörter für *brainstorming* vorgeschlagen – aber mehr als eins hat keine Chance, populär zu werden, und durchsetzen soll es sich ja vor allem bei denen, die in der Wirtschaft, in der Werbung, in der Presse das «Gripstreffen» (so eine der 3805 Ideen) häufig betreiben. Tüftelrunde, Grübelplausch, Denkgewitter, Gedankenquirl – sind das nicht ebenfalls pralle Prägungen? Oder Neuronenfeuer, Phantasiegalopp? Und wie wäre es, wenn man sich zum «Rumspinnen» oder «Kreativeln» träfe?

«Hirnhatz» hieß der kürzeste Vorschlag, «Lösungsansatzsammlungsgenerierung» (10 Silben) der längste – wahrscheinlich nicht ganz ernst gemeint, so wenig wie das «Gedankenkotzen» oder das «Bullshit Bingo» (kein sehr deutsches Wort, aber ein so treffendes, dass man es den Engländern statt ihres abgenutzten Hirnstürmens glatt vorschlagen könnte). Die schönsten Ideen sind immer die, die man nicht ernstlich erwägen kann: plattdeutsch «Klugschietermarkt», hochdeutsch «Heureka-Treff», «Alzheimer-Prophylaxe» oder «Synapsen-Tango». *Denkrunde* also.

Ein Angebot an die Lufthansa

Mit einem Hauch von Übermut machte die *Aktion «Lebendiges Deutsch»* in ihrer ersten Jahresbilanz im Januar 2007 der Lufthansa folgenden Vorschlag:
«*There's no better way to fly* heißt Ihr Standardsatz unter allen Inseraten und am Ende der Fernsehwerbung. Dass 60 Prozent der Deutschen gar nicht Englisch können, muss Sie nicht beunruhigen: Unter Ihren Passagieren sind es vielleicht nur 30 Prozent. Und warum soll man zu *allen* Passagieren nett sein!
Was also liegt näher, als dass ein deutsches Unternehmen in deutschen Publikationen seine überwiegend deutschen Kunden englisch umwirbt? Freilich: Eben solche deutschen Firmen, die in aller Welt den höchsten Ruf genießen, haben gute Erfahrungen mit *deutschen* Wörtern gesammelt. So hat unsere Autoindustrie in Amerika das Wort ‹Fahrvergnügen› populär gemacht.
Auch ist das Deutsche oft kürzer als das Englische: Für ‹vorgestern› mit seinen drei Silben brauchen die Engländer sieben (the day before yesterday). Und statt der 28 Zeichen von ‹There's no better way to fly› könnte die Lufthansa mit 24 Zeichen auskommen: ‹Keiner fliegt Sie besser›, zum Beispiel, oder: ‹Am besten fliegen Sie mit uns›. Runde Sätze, kostenfrei angeboten.»

Die vier, die's versuchen

Josef Kraus ist Oberstudiendirektor an einem Gymnasium in Bayern und Diplom-Psychologe; seine Lehramtsfächer sind Deutsch und Sport. Ehrenamtlich ist er Präsident des Deutschen Lehrerverbandes (DL), der Dachorganisation der Bundesverbände der Philologen, der Realschullehrer sowie der Lehrer an beruflichen und an Wirtschaftsschulen. Kraus schreibt regelmäßig für den *Rheinischen Merkur*. Als Autor ist er zudem mit seinen Büchern «Spaßpädagogik – Sackgassen deutscher Schulpolitik» (1998) und «Der PISA-Schwindel – Unsere Kinder sind besser als ihr Ruf» (2005) in Erscheinung getreten.

Walter Krämer ist Professor für Wirtschafts- und Sozialstatistik an der Universität Dortmund sowie Gründer und Vorsitzender des «Vereins Deutsche Sprache e.V.» Sein *Lexikon der populären Irrtümer* (mit Götz Trenkler) wurde in 16 Sprachen übersetzt, darunter Koreanisch, Russisch und Japanisch, und weltweit über eine Million Mal verkauft. Für seine Verdienste um die deutsche Sprache erhielt er 1999 den Deutschen Sprachpreis.

Wolf Schneider war Korrespondent der *Süddeutschen Zeitung* in Washington, Verlagsleiter des *Stern,* Chefredakteur der *Welt* und 16 Jahre lang Leiter der *Henri-Nannen-Schule*. Er ist Ausbilder an fünf Journalistenschulen und unterrichtet lesbares Deutsch in Wirtschaft, Presse und Behörden. 1994 verlieh die Gesellschaft für deutsche Sprache ihm den *Medienpreis für Sprachkultur,* 2007 die Universität Salzburg den Titel Honorarprofessor. Schneider hat 26 Sachbücher geschrieben, zuletzt «DEUTSCH! Das Handbuch für attraktive Texte» und «GLÜCK! Eine etwas andere Gebrauchsanweisung».

Dr. Cornelius Sommer war Assistant Professor der Literaturwissenschaft an der University of California und danach 35 Jahre lang im deutschen Diplomatischen Dienst, zuletzt als Beauftragter für Asienpolitik, Botschafter in Finnland und Generalkonsul in Kaliningrad (Königsberg). Er ist Mitglied des Beirats der «Stiftung Deutsche Sprache» und von dieser mit der Einrichtung des «Hauses der Deutschen Sprache» in Berlin beauftragt.

Die Aktion «Lebendiges Deutsch» unterstützen unter anderen:

Dr. Norbert Lammert, Präsident des Deutschen Bundestags

Prof. Dr. Helmut Glück, Leiter des Instituts für deutsche Sprachwissenschaft, Universität Bamberg

Prof. Hans-Olaf Henkel, Präsident der Leibniz-Gesellschaft und ehemaliger Präsident des Bundesverbands der Deutschen Industrie

Walter Hirche, stellvertretender Ministerpräsident von Niedersachsen, Präsident der Deutschen UNESCO-Kommission

Prof. Dr. Paul Kirchhof, Direktor des Instituts für Finanz- und Steuerrecht der Universität Heidelberg

Prof. Dr. Ulrich Knoop, Leiter des Deutschen Seminars der Universität Freiburg

Reinhard Mey, Liedermacher

Prof. Dr. Reinhard Selten, Wirtschaftsnobelpreis 1994

Prof. Dr. Gert Ueding, Direktor des Seminars für Allgemeine Rhetorik, Tübingen

Prof. Dr. Harald Weinrich, Collège de France

21
Den Franzosen folgen?

Das gab einen Aufschrei über den Rhein hinweg, als der französische Kulturminister Jacques Toubon 1994 in der Nationalversammlung ein Gesetz durchdrückte, das die Verwendung von 3500 gängigen Importen aus dem Englischen verbot – nicht allen Franzosen, aber den Werbetextern, den Verfassern von Gebrauchsanweisungen, den Journalisten in Radio und Fernsehen und Bürgern in amtlicher Mission. Das Verfassungsgericht zog dem Gesetz ein paar Zähne, die Eckpunkte blieben stehen; und die Lufthansa, die ihren Werbespruch «There's no better way to fly» keinem Deutschen zu übersetzen braucht, sieht sich in Frankreich zu einer französischen Erläuterung gezwungen: «Il n'y a pas plus belle façon de s'envoler».

Darf denn der Staat, darf eine Kulturnation sich so verhalten – und wenn: Hat sie eine Chance, sich damit durchzusetzen? Sie darf und sie hat. Für das Dürfen vier Gründe:

1. So ist es nicht, dass demokratische Nationen sich bisher aller Gängelung der Sprache enthalten hätten. In mehrsprachigen Staaten wie der Schweiz oder Belgien besteht ein Regelungsbedarf, und selbstverständlich legen Gesetze und Verordnungen längst fest, inwieweit Minderheitensprachen wie das Katalanische in Spanien, das Deutsche im Elsass als Unterrichtssprachen zugelassen sind.

2. Auch abseits der Gesetze nehmen die meisten Völker staatliche Zuschüsse für oder halbamtliche Einflüsse auf ihre Sprache hin; zum Beispiel in Österreich bei dem Bestreben von Heimat- und Tourismusverbänden, gegen den deutschen Ansturm von Meerrettich, Sahne, Johannisbeere und Tomate den Kren und den Obers, die Ribisel und den Paradeiser am Leben zu halten.

3. Die Sprachinvasion aus Amerika wird teils betrieben, teils ausgebeutet von einer Milliarden-Industrie: Jeans, Coca Cola, Popmusik, Computer. Die Sprache ist zunächst der Vorreiter, dann das Vehikel der Marktbeherrschung – und der Anprall der Anglizismen eine Gewalt, die *nicht* vom Volk ausgeht.

4. Sobald aber ein vom Volk gewähltes Parlament dieser Invasion ein paar Grenzen setzen oder sie auch nur kanalisieren will, sieht es sich öffentlicher Verspottung ausgeliefert. Journalisten, Werbetexter, Disc-Jockeys, Fernsehplauderer, Zeitgeist-Philosophen überbieten sich darin, den Ansturm von Wörtern, Sitten und Produkten aus Amerika so zu präsentieren, als gehöre er zum freien Spiel der Kräfte, ja als erfülle sich den Europäern damit ein Herzenswunsch.

Warum aber soll über die französische Sprache mehr in New York und Hollywood entschieden werden als in Paris? Warum dürfen die Rolling Stones einen größeren Einfluss auf die französische Sprache haben als Jacques Toubon, zumal da sie doch höchstwahrscheinlich dümmer sind als dieser?

Seit 1635 hält Frankreich seine Académie Française in Ehren, gegründet vom Kardinal Richelieu zur Beobachtung und Überwachung (*observation et surveillance*) der französischen Sprache. Die vierzig «Unsterblichen» von Paris registrieren und definieren den Wortschatz, entscheiden also auch, was an Fremdem oder gestern noch Saloppem in der Sprache zugelassen werden soll.

Der Generalsekretär der Akademie ist zugleich der Präsident einer Sprachkommission von 17 Mitgliedern, die 1996, zwei Jahre nach dem *Loi Toubon*, gegründet wurde und direkt dem Ministerpräsidenten untersteht. Sie heißt *Commission générale de terminologie et de néologie* und hat drei Aufgaben: zum *enrichissement* des Französischen beizutragen (was sowohl «Bereicherung» als auch «Verschönerung» bedeutet); die Benutzung der französischen Sprache zu fördern, zumal in Wissenschaft, Wirtschaft, Technik und Recht; und schließlich die *Frankophonie* zu pflegen, den Zusammenhalt der Französischsprechenden in aller Welt.

Regelmäßig publiziert die Kommission Listen unerwünschter englischer Wörter und setzt französische an ihre Stelle – zum Beispiel für:

airbag	sac gonflable
blackout	occultation
browser	navigateur
chatroom	salon
computer	ordinateur
crash	écrasement
e-mail	courriel
emoticon	frimousse
fast food	restovite
hardware	matériel
hedge fonds	fonds spéculatif
Ketchup	tomatine
Software	logiciel
touchpad	pavé tactile
think tank	laboratoire d'idées
walkman	baladeur
weekend	vacancelle
workshop	atelier

Man sieht: Die französischen Wörter sind von fünferlei Art. Die einen rufen nur längst vorhandene Begriffe in Erinnerung: *écrasement* statt *crash*. Die zweiten versuchen ein etabliertes Wort mit zusätzlichem Sinn zu erfüllen: *baladeur* ist der Schlenderer, der Bummler und soll nun auch den *Walkman* bezeichnen (der ja ebenfalls keinerlei Verbindung zur Musik ausdrückt). Die dritten sind eine einfache Übersetzung:

Der *air bag* ist natürlich ein aufblasbarer Sack, *sac gonflable*. Die vierten entwickeln ein Wort nach französischer Gewohnheit weiter: *logique* die Logik – *logiciel* die Software. Die fünften setzen zwei Wörter zu einem neuen zusammen: *restovite* für *fast food* – und mindestens das wird man gelungen nennen dürfen.

In der französischen Schweiz gedeihen die Anglizismen ungehindert («je downloade», kann man dort hören) – in der kanadischen Provinz Quebec sind sie verpönt wie sonst nirgends auf der Welt. Die 6 Millionen Frankokanadier haben den Engländern und ihrer Sprache nie verziehen, dass sie sich 1763 die französische Kolonie Kanada (mit ihren damals nur 75000 französischsprachigen Bewohnern!) unterwarfen; das Französische haben die Frankokanadier als zweite Landessprache ertrotzt. 1995 stimmte die Provinz Quebec darüber ab, ob sie ein eigener Staat werden sollte, und nur um Haaresbreite, mit 50,6 Prozent der Stimmen, entschied sie sich, bei Kanada zu bleiben. Ihr *Loi 101* zur Reinerhaltung des Französischen ist ungleich strenger als der *Loi Toubon* – das Dokument einer immerwährenden Liebe zur göttlichen Sprache der Grande Nation, einer immerwährenden Rache an den englischen Eroberern, obwohl sie seit nunmehr 245 Jahren im Lande sind.

So viel Stolz ist imposant, doch er streift das Fanatische und kann nicht unser Vorbild sein. Aber vielleicht die Hälfte davon – wie in jüngster Zeit auch in Polen, Ungarn und Lettland?

Ein paar Ansätze dazu sind in Deutschland erkennbar, und seit 2006 sind es mehr geworden (wobei offen bleibt, ob die *Aktion «Lebendiges Deutsch»* dies schon als kleinen Erfolg verbuchen kann – oder ob sie eine herrschende Stimmung als Erste gewittert und in Handlung umgesetzt hat).

6. Februar 2006: Alle deutschen Redaktionen bekommen von der Deutschen Presse-Agentur das erste Angebot der *Aktion «Lebendiges Deutsch* auf den Tisch, 127 Chefredakteure dazu einen Brief mit einem zehnseitigen Hintergrundpapier.

12. April 2006: Bundestagspräsident Norbert Lammert – bekennender Förderer der *Aktion «Lebendiges Deutsch»* – schreibt an die EU-Kommission: «Der Deutsche Bundestag hat die feste Absicht, Verträge, Rechtsetzungsakte und andere relevante europäische Dokumente nur dann zu behandeln, wenn sie und die zu ihrer Bewertung notwendigen Texte in deutscher Sprache vorliegen.» Anders sei eine effektive Mitwirkung an der Arbeit der EU nicht möglich.

25. Juni 2006: Der *Frankfurter Allgemeinen Sonntagszeitung* sagt Bundestagspräsident Lammert, die Föderalismusreform sei der richtige Zeitpunkt, um im Grundgesetz zu verankern, dass *Deutsch die Landessprache* ist. «Deutschland ist das einzige deutschsprachige Land, das die Sprache nicht in der Verfassung regelt, obwohl es nach seiner Sprache benannt ist», sagt er. (Österreich und Liechtenstein haben Deutsch als einzige Amtssprache, die Schweiz, Belgien und Luxemburg als eine von mehreren festge-

schrieben.) Die *FAZ* kommentiert tags darauf: Das sei durchaus nicht überflüssig – «jedenfalls nicht, solange die sogenannten Führungskräfte des Exportweltmeisters ihre Sprache freiwillig verhunzen».

28. September 2006: Jürgen Rüttgers, Ministerpräsident von Nordrhein-Westfalen, hat nach einem Bericht der *WAZ* seine Minister aufgefordert, in ihren Verlautbarungen «die deutsche Sprache zu benutzen». Einen Appell für nüchternes Autofahren hatten sie «Don't-drug-and-drive» überschrieben und den Schulunterricht über richtigen Umgang mit Geld «Money and Kids».

2. Oktober 2006: Der *Spiegel* bringt die Titelgeschichte «Deutsch for sale» – mit der Einleitung: «Die deutsche Sprache wird so schlampig gesprochen und geschrieben wie wohl nie zuvor. Auffälligstes Symptom der dramatischen Verlotterung ist die Mode, fast alles angelsächsisch ‹aufzupeppen›. Aber es gibt eine Gegenbewegung.» Dazu stellt der *Spiegel* kurz den «Verein deutsche Sprache» vor, ebenso die *Aktion «Lebendiges Deutsch»*, einschließlich ihres ironischen Vorschlags, den Import «recyceln» doch am besten gut deutsch «rezützeln» auszusprechen.

34 typische Anglizismen führt der *Spiegel* auf und verspottet sie, darunter *Blackout, Browser, Clean Power Diesel, Interior Design, outsourcen* und *High-Tech-Freak*, und resümiert: «Wäre es nicht so lachhaft – Verzweiflung wäre Pflicht.» Infratest hatte für den *Spiegel* gefragt: «Sollten die Deutschen deutsch-englische Mischwörter wie *brain-stormen* oder *Automaten-Guide* vermeiden?» – und 74 Prozent antworteten: Ja! Nicht weniger als drei Vierteln unserer Landsleute also ist das Denglisch lästig.

16. Oktober 2006: Die *Bildzeitung* fragt in großer Aufmachung: «Verlernen wir Deutsch?» Drastisch kritisiert

sie die um sich greifende Sprachschluderei, vor allem aber den Behördenjargon und das Denglisch. «Wie ein Todesengel schwebt Englisch auf die deutsche Sprache nieder», schreibt sie. «In der Werbung wimmelt es von *Test it, Expand your brand* oder *Rent a Benz.* Firmen sprechen von *outsourcing, Cash-flow, Shareholder Value* ... Verhunzt, gepanscht, gedemütigt: unsere deutsche Sprache.»

28. November 2006. Der *Spiegel* legt nach: «Englische Reklamesprüche werden nicht einmal von der Hälfte der Konsumenten verstanden – manchmal ist das vielleicht sogar besser.» Die Ford-Werbung *Feel the difference* wurde unter anderem mit «Fühle das Differential» oder «Ziehe die Differenz ab» übersetzt; den Jaguar-Spruch *Life by Gorgeous* (Leben auf der prächtigen Seite, so ungefähr, aber schon auf Englisch etwas eigenwillig) verstanden 8 Prozent, jedenfalls so ungefähr; der schönste Übersetzungsversuch hieß «Leben in Georgien».

28. Dezember 2006: Ob in Brüssel oder in Berlin – während der deutschen Ratspräsidentschaft in der EU «werden wir alle Pressekonferenzen bewusst in Deutsch halten», kündigt der Sprecher des Auswärtigen Amtes an. Das Bundestagspräsidium hat die Bundesregierung gebeten, «einen Rahmen für Verhandlungen abzustecken, in dem auf die Einhaltung der geltenden Regeln für Deutsch als Amts- und Verfahrenssprache gedrängt werden sollte».

Es war ein ziemlich gutes Jahr. Mit vielen Rückfällen natürlich – einem davon im *Stern* vom 26. Oktober: Andreas Petzold, einer seiner beiden Chefredakteure, sagte der Fachzeitschrift *Horizont*, die drohende Konkurrenz durch eine neue Zeitschrift sei «abhängig davon, wie sie am Markt *performt*». Pervers.

22
In der Schule beginnen!

«Was ein deutscher Schüler alles *nicht* kann, das würde ausreichen, um vier finnische Schüler durchfallen zu lassen» – ein Spottwort im Sog der seit 2001 veröffentlichten PISA-Studien. Seitdem wissen wir, dass im internationalen Vergleich deutsche Schüler im Schreiben und Lesen, also im Umgang mit ihrer Muttersprache, einen ziemlich blamablen Platz besetzen.

Es ist ja nicht so, dass sie ein *gutes* Deutsch sprächen, das durch ein *gutes* Englisch verdrängt würde (darüber ließe sich noch am ehesten reden) – sondern ihr lückenhaft erlerntes, lieblos abgespultes Alltagsdeutsch mischt sich mit Globish, Weblish und Pop-Jargon zu einer Soße, die keinem schmeckt. Die Sturzflut der Anglizismen wäre ein geringes Problem, wenn sie auf einen fundierten Umgang mit der Muttersprache prallte; sie ergießt sich aber in ein Gemenge aus Unkenntnis von und Desinteresse an sauberem, kraftvollem Deutsch.

Nur kann man die Muttersprache niemals mit einer Zweitsprache überholen. Wer in einer Fremdsprache brillant sein will (wie der späte Vladimir Nabokov im Englischen), schafft das nur, wenn er in seiner Muttersprache mindestens ebenso brillant gewesen ist (wie der frühe Nabokov im Russischen). Lausiges Deutsch zieht lausiges Englisch unrettbar nach sich. Gerade wer in einer englisch dominierten Welt sprachlich mithalten will, muss zuvor in seiner Muttersprache den Meister gemacht haben.

Insofern ist es schlüssig, was Dieter E. Zimmer nur halb ironisch vorgeschlagen hat: Wohlmeinende Eltern sollten erwägen, ihren Kindern Englisch als *Muttersprache* aufzunötigen (durch Auswanderung zum Beispiel oder durch ein entsprechendes Internat) – damit sie wenigstens in *eine* Sprache ungestört hineinwachsen.

Solange das Deutsche unsere Muttersprache ist – wie gut beherrschen wir, wie tief lieben wir sie? Das ist die Kernfage, und wenn die Antwort lauten könnte: «Wir meistern sie und wir lieben sie» – dann wäre die Invasion der albernen, der aggressiven unter den Anglizismen ohnehin blockiert. Aber lautet sie so? Man soll nichts Übertriebenes fordern. Beunruhigend ist indessen: Gleich auf drei Schienen geht es bergab.

Schiene 1: Am Anfang müsste das lebhafte Gespräch in der Familie stehen. Gemeinsame Mahlzeiten waren einst die Regel und ein bisschen Geplauder über den Alltag hinaus nicht selten. Heute läuft der Fernseher oft schon beim Abendessen, die berufstätige Mutter ist überlastet, und der Sohn / die Tochter hält sowieso nicht viel davon, die Mahlzeiten mit den Eltern zu teilen. Gleichzeitig sinkt die Zahl der Vierjährigen, denen abends an der Bettkante etwas vorgelesen wird – der Anfang aller Sprachkultur.

Schiene 2: Das Fernsehen und der Computer haben *das Buch* als Medium der Information und des Freizeitvergnügens ins Abseits gedrängt: Ein Drittel der 17-jährigen Mädchen in Deutschland hat noch nie ein Buch gelesen, zwei Drittel sind es bei den Jungen, und stetig sinkt die Quote. Selbst Schundromane sind meist anspruchsvollere Sprachprodukte als das, was aus dem Fernsehen tönt – zumal wenn in den Nachmittagstalkshows auch die untere Hälfte des Volkskörpers ihre Seele entblößen darf oder wenn schwitzende Sportler Gelegenheit bekommen, ihr Gestammel, das früher zu Recht nur fünf Umstehende hörten, in ein Sprachmodell für fünf Millionen zu verwandeln.

Daher wiederhole ich den Vorschlag, den ich schon 2005 (ebenso erfolglos) in der *Zeit* den Fernsehintendanten unterbreitet habe: Ordnen Sie an, dass Ihre Reporter niemals einem keuchenden Sportler ein Mikrofon entgegenstrecken dürfen! Hat einer denn jemals etwas zu sagen? Entweder er triumphiert, oder er hat wenigstens sein Bestes gegeben – und das zumeist in schrecklichem Deutsch. Kicker, die auch noch reden können, sind ebenso selten wie Schriftsteller, die sich im Hammerwerfen hervortun.

SCHIENE 3: In die Schule strömen also Kinder mit einer deutlich geringeren Sprachkompetenz, als das vor vierzig, fünfzig Jahren der Fall war. Die Lehrer, vor allem aber die Kultusminister müssten folglich das Äußerste tun, um gegenzusteuern, mit Vehemenz und mit Phantasie.

Die Minister haften für den Lehrplan – und folglich dafür, dass in Deutschland die Muttersprache in so wenigen Schulstunden gelehrt wird wie in keiner anderen Kulturnation: drei, höchstens vier Stunden pro Woche an den allgemeinbildenden Schulen. Ihr Anteil am Gesamtunterricht liegt in Deutschland bei 16 Prozent, in Frankreich und China bei 26 Prozent. Auch haftet die Ministerialbürokratie dafür, dass die Schüler sich mit einem rudimentären Wortschatz begnügen dürfen, dass ihnen das Lesen längerer Texte nicht mehr zugemutet wird und dass sie nur noch Lücken in vorgegebenen Texten schließen müssen, statt komplette Texte selber anzufertigen – der Deutsche Lehrerverband hat das anlässlich des «Unesco-Tags der Muttersprache» (so was gibt es!) im Februar 2007 gerügt.

Sein Vorschlag, mit den Schülern regelmäßig um Wort-
schöpfungen zur Eindeutschung überflüssiger Anglizismen zu ringen, stößt hart auf jenen Anglo-Jargon, mit dem
gerade Schulbürokraten und Erziehungswissenschaftler
Lehrer und Schüler überziehen – zum Beispiel:

> Didaktische Hyperlinks
> Download-Wissen
> Educ@tion
> Edutainment
> Just-in-time-Knowledge
> Knowledge-Machines
> Last-Minute-Qualification
> Learntec
> Life-Long-Learning
> Work-Life-Balance

Zwischen solche Minister, solche Eltern, solche sprech-
und lesefeindlichen Zeitmoden eingeklemmt, haben es die
Lehrer so schwer wie noch nie. Viele von ihnen tragen freilich zum Niedergang erschwerend bei, weil sie ihrerseits
einer Zeitmode anhängen: Aus der Verteufelung des Leis-
tungsdenkens im Geist von 1968 und der verbreiteten Lebenshaltung der «Spaßgesellschft» folgt weithin eine Ein-
stellung zum Lehren und Lernen, für die der Präsident des
Deutschen Lehrerverbands das Schlagwort *Spaßpädagogik*
geprägt hat: Viele Lehrer verstehen sich als bloße «Lern-
berater», die mit den Schülern den Horror vor jeder Art
von Plage teilen.

Doch wer sich nie plagt, wird nie etwas leisten. Die un-
regelmäßigen Verben einer Fremdsprache zum Beispiel
kann keiner beherrschen, der sie nicht «gepaukt» hat, und
plagen muss sich auch, wer eine besondere Art von Gewinn einfahren will: Gedichte auswendig zu lernen, um sie

für immer zu besitzen. Dabei wird zunächst das Gedächtnis geschult, und das ist ein trainierbares Organ (jeder Schauspieler lernt seine fünfzigste Role schneller als seine erste), und dem Schüler dieses Training vorzuenthalten ist unterlassene Fürsorge.

Vor allem aber ist es für alles künftige Sprechen und Schreiben ein Gewinn, im Sprachzentrum ein paar Muster vorrätig zu haben, an denen man sich orientieren kann, ja die idealerweise auf das Sprechen und Schreiben abstrahlen. Es macht einen Unterschied aus, ob einer vorzugsweise mit Wörtern umgeht wie diesen, mit denen ein Kölner Kabarettist die Alltagssprache der meisten nur wenig karikiert:

> Halb eins simmer raus, un jetz is es ja so, dat weiß ja jeder, der dat schon mal jemacht hat, Wallfahrt, also da kriegs du ein Hunger, du kriegs, boah, also die janze, ja sischer, der Fußmarsch, die janze Lauferei ...

Oder ob er zusätzlich Wörter wie solche aufgesogen und abgespeichert hat (aus Schillers «Bürgschaft»):

> Da treibt ihn die Angst, da fasst er sich Mut
> Und wirft sich hinein in die brausende Flut
> Und teilt mit gewaltigen Armen
> Den Strom, und ein Gott hat Erbarmen.

Fünfzehn solcher Gedichte fordert der Präsident des Deutschen Lehrerverbands. Man mag das übertrieben finden – wenn man sich über die Richtung einig ist: Oft lässt sich nur mit ein bisschen Ärger lernen, was später Spaß macht und Nutzen stiftet, und eben dies beides tun sie, die großartigsten Verdichtungen der Muttersprache.

Jede Woche im Unterricht einen Anglizismus abzu-
schießen, wenn er zu den törichten gehört – das wäre auch
eine fruchtbare Idee. Spräche der Lehrer gar die 3805 Ein-
deutschungsvorschläge für das *Brainstorming* durch, wie
sie bei der *Aktion «Lebendiges Deutsch»* eingegangen sind
(Seite 160), dann sähen die Schüler, wie ungeheuer bunt
und biegsam ihre Muttersprache ist, und rund um die
Hirnhatz, das Gedankenkotzen, den Synapsen-Tango
gäbe es sogar viel zu lachen – Spaßpädagogik *at its best.*

Sieben Forderungen an die Schule

1. Es sollte kein Schultag vergehen, an dem ein Schüler nicht eine Stunde Deutsch hat. Es sollte auch keinen Schulabschluss ohne Prüfung im Fach Deutsch geben.

2. Alle Fächer, nicht nur das Fach Deutsch, haben die Pflicht, die sprachliche Exaktheit zu fördern und zu bewerten.

3. Die Grundlagen für ein hochdifferenziertes Sprachverständnis und für einen gewandten Sprachgebrauch werden im ersten Lebensjahrzehnt gelegt. Hier liegen unerschöpfliche Potenziale brach, zumal da man weiß, dass sich Kinder in diesen Jahren täglich zwanzig und mehr neue Wörter einprägen.

4. Das Beherrschen der deutschen Sprache ist auch für Migrantenkinder das entscheidende Vehikel zur Integration in Schule, Beruf und Gesellschaft. Hier haben der Staat eine Bringschuld und die Migranten eine Holschuld.

5. Es soll keiner zum Abitur kommen können, der nicht einen halben Regalmeter deutsche Literatur gelesen hat und der nicht fünfzehn Gedichte sowie längere Passagen aus Goethes «Faust» auswendig kann. Kanonisches literarisches Wissen ist eine Voraussetzung für anspruchsvolle Kommunikation; ein Wissen unter aller Kanone dagegen lässt Kommunikation verflachen.

6. Die Rechtschreibreform bleibt der Kniefall vor der fortschreitenden Analphabetisierung der Gesellschaft. Gleichwohl machen die Schüler keinen Fehler weniger. Die Schule würde gut daran tun, den Schülern bei den offiziell zulässigen Variantenschreibungen die herkömmliche, ausdrucksstärkere und besser lesbare Schreibung zu vermitteln.

7. Nach dem miserablen Vorbild der Wirtschaft, der Medien, des Sports und leider sogar der Pädagogik greifen auch in der Sprache der Jugend Anglizismen um sich. Die Schule muss hier in jedem Fach und bei jeder Prüfungsarbeit korrigierend eingreifen und die Schüler zum Gebrauch der Ausdrucksvielfalt der deutschen Sprache erziehen.

Josef Kraus, Präsident des
Deutschen Lehrerverbands

Mehr Deutschunterricht!

Die *Stiftung Deutsche Sprache* unterstützt Bemühungen, den Deutschunterricht an den Schulen, aber auch für die Auszubildenden im Handwerk, in der Wirtschaft und im öffentlichen Dienst zu verbessern. Sie setzt sich dafür ein,

* dass in den Kindergärten und Grundschulen die deutsche Sprache deutlichen Vorrang vor einer «frühen Fremdsprache» behält,
* dass die Stundentafeln für das Fach Deutsch erweitert statt gekürzt werden,
* dass im Deutschunterricht der Sprachunterricht in den Mittelpunkt rückt und das Bewusstsein für den zeitlosen Wert der großen deutschsprachigen Literatur geschärft wird,
* dass Deutsch bei allen Schulabschlüssen als Kernfach verlangt wird,
* dass die sprachliche Komponente in der Ausbildung der Deutschlehrer gestärkt wird,
* dass an deutschen, österreichischen und deutsch-schweizerischen Hochschulen auch künftig auf Deutsch gelehrt und geforscht wird.

Die Vernachlässigung der sprachlichen Bildung gefährdet unsere Zukunft. Sie bewirkt nachlassende Innovationsfähigkeit, weil schöpferische Kraft verkümmert, sie behindert erfolgreiche Grundlagenforschung und lähmt die Industrieforschung, denn mathematische und naturwissenschaftliche Spitzenleistungen setzen perfekte Sprachbeherrschung voraus. Die Verwahrlosung unserer Sprache bedroht unsere Zukunft als Kultur-, Industrie- und Wirtschaftsnation.

Kurzfassung der Satzung
der Stiftung Deutsche Sprache

23
Tot oder lebendig?

Ja, man kann es übertreiben – nach beiden Seiten. «Heiß-käserich» für *Cheeseburger*, von hartnäckigen Eindeut-schern vorgeschlagen, ist kaum empfehlenswert; «Platten-werfer» für *Disc Jockey* klingt hübscher und hätte wohl trotzdem keine Chance; und wer den *Bowdenzug* durch «Zugkraftdraht» ersetzen wollte, hätte einen Dreisilber ge-prägt, der es an phonetischem Charme mit der «Nasshaft-kraft» der Gebisswerbung aufnimmt.

Doch man kann es auch treiben wie die allzu vielen Möchtegern-Amerikaner unter uns: die Wissenschaftler, die in der Physik siebenmal mehr als im Englischen zu Hause sind, die kalifornisch lackierten, auf Imponierjar-gon gebürsteten Werbetexter, Marketing Consultants, Manager und Vorstandsassistenten.

Zwischen diesen beiden Abgründen bleibt nur das, was allen Rechthabern und Besessenen zutiefst zuwider ist: der Mittelweg – praktische Importe umarmen, lächerliche verscheuchen. Und sich ein Organ dafür bewahren, was der Mensch an seiner Sprache hat.

Die großen Sprachen – die deutsche ist eine davon – sind das *Weltkulturerbe* schlechthin. Millionen haben sie jahrtau-sendelang zu ihrer heutigen Höhe aufgeschichtet, mit viel mehr Aufwand und viel mehr Kunst, als an die gotischen Kathedralen oder an die Pyramiden gewendet worden ist; und nun sind alle Erfahrungen und alle Erinnerungen, aller Geist und aller Witz, alle Leidenschafen, alle Träume, alle Illusionen und Visionen von uns und unseren Ahnen in ih-nen gespeichert und zur frischen Nutzung frei.

Eine große Sprache – wenn sie noch dazu die Muttersprache ist – zu vernachlässigen, sie zu beschädigen, sie gar preiszugeben, ist eine Dummheit und eine Sünde. «Es wäre eine nützliche, segensreiche Aufgabe», sagt der Betriebslinguist Reiner Pogarell, «unsere Sprache in den Kreis der schützenswerten Kulturgüter aufzunehmen.»

Die Zukunft des Deutschen zu formen – dazu habe jeder Einzelne die Macht, schrieb Jens Jessen in der *Zeit*. «Das unterscheidet marodes Deutsch von einem maroden Kernkraftwerk, das nur Experten reparieren können. Das Deutsche wird nicht sterben, es sei denn, die Deutschen wollen es. Es sei denn, sie kapitulieren vor der Werbung, vor der Geschäftssprache, vor dem kollektiven Hass auf alles Komplizierte, den die Medien nähren. Aber selbst wenn das Deutsche stürbe – es würde als tote Sprache weiterleben, als eine Art Griechisch oder Latein der Neuzeit. Die Zahl kanonischer Autoren, von Philosophen wie Dichtern, wird den Gelehrten das Deutsche immer attraktiv erhalten. Das ist vielleicht kein Trost – aber ein Gedankenspiel, das uns Heutigen Respekt vor der achtlos malträtierten Umgangssprache einflößen sollte.»

Falls wir aber Schluss machen mit dem Malträtieren, falls wir *nicht* kapitulieren, falls wir uns auch nur ein Drittel jenes Stolzes auf unsere Sprache gönnen, wie die Franzosen ihn ganz selbstverständlich zelebrieren – dann sind die Chancen, dass das Deutsche weiterlebt, nicht schlecht.

In der Fremde

Ich hatte einst ein schönes Vaterland.
Der Eichenbaum
Wuchs dort so hoch, die Veilchen nickten sanft.
Es war ein Traum.
Das küsste mich auf Deutsch und sprach auf Deutsch
(man glaubt es kaum, wie gut es klang):
Das Wort: «Ich liebe Dich!»
Es war ein Traum.

Heinrich Heine

Namen- und Sachregister

Wörter, die im Text analysiert werden, sind *kursiv* gesetzt

Glück, Helmut 164
Goethe 19f., 22, 39, 54, 119f.,
   122, 139, 178
Goethe-Institut 13, 116,
   118–123, 131, 145f.
Gogh, Theo van 129
Goldschmidt, Georges Arthur
   21f., 100f.
Griechisch 33, 42f., 181
Grimm, Jacob 54f., 140
Großbritannien 124
Grundgesetz 126, 133f.
Gryphius, Andreas 137

Hacker 81
Hamilton, Dan 27, 50
HANDELSBLATT 77
Handy 50f.
Happy Hour 157
harddisk 82
Hardware 83–85
Harsdörffer, Georg Philipp 138
Hassliebe 22
Haus der deutschen Sprache
   163
Heidegger, Martin 97
Heimat (Definition) 134
Heine, Heinrich 20, 182
Henkel, Hans-Olaf 95, 164
Herder, Johann Gottfried 29
Hessische Rahmenrichtlinien
   39
Hexenjagd (auf Anglizismen)
   s. Deutschtümelei
Highlight 48
«Hinglish» 104
Hirche, Walter 164
Hitler, Adolf 32, 52f.
Holland 124, 129
Homepage 82, 157
HORIZONT 171

Human Relations 41
Human Resources Department
   12, 48, 75, 141
Humboldt, Wilhelm von 97
Huntington, Samuel 130
Hurd, Douglas 113
Hurra-Patriotismus s. Deutsch-
   tümelei

Imponierjargon (Englisch als)
   s. Selbstunterwerfung
Importe (Fremd- und Lehn-
   wörter im Deutschen)
– Vorzüge 43–46
– aus dem Englischen s. Anglizismen
– aus dem Französischen 37,
   42f., 137–140, 143f.
– aus dem Griechischen 42f.
– aus dem Lateinischen 42f.,
   137f., 144
Ingendaay, Paul 119f.
Initiative Deutsche Sprache 146
Inkohärenz 42
Institut für deutsche Sprache
   145f.
Intercity 88
Internet s. Computer

Jägersprache 60
Jahn, Friedrich Ludwig 53f.
Japanisch 18, 29
Jessen, Jens 98f., 181
Jet-lag 16
Joggen 48, 68f.
Junkbonds 158
just-in-time 158, 175

Kafka, Franz 19, 35
Kalter Krieg 141
Kant, Immanuel 97

Bücher von Wolf Schneider

Überall ist Babylon – Weltgeschichte der Städte (Econ 1960, deutsche Auflage 225 000, elf Übersetzungen)

Soldaten – Weltgeschichte und Psychologie einer umstrittenen Gestalt (Econ 1964, Übersetzungen in Holland und Mexiko)

Wörter machen Leute – Magie und Macht der Sprache (Piper 1976, Serie Piper 1986, 15. Auflage 2006)

Deutsch für Profis – Handbuch der Journalistensprache (Stern-Buch 1982, Mosaik-TB 1999, 28. Auflage 2007)

Deutsch für Kenner – Die neue Stilkunde (Stern-Buch 1987, Serie Piper 1996, 17. Auflage 2006)

Die Sieger – Wodurch Genies, Phantasten und Verbrecher berühmt geworden sind (Stern-Buch 1992, Serie Piper 1996, 8. Auflage 2001)

Deutsch fürs Leben – Was die Schule zu lehren vergaß (Rowohlt-TB 1994, 17. Auflage 2007)

Das neue Handbuch des Journalismus (Rowohlt 1996, Rowohlt-TB 1998, 9. Auflage 2007, erweitert und aktualisiert), zusammen mit Paul-Josef Raue

Am Puls des Planeten – Expeditionen, Zeitreisen, Kulturgeschichten. 18 GEO-Reportagen (Hoffmann und Campe 1999, Serie Piper 2001)

Große Verlierer von Goliath bis Gorbatschow (Rowohlt 2004, 4. Auflage 2005, Rowohlt-TB 2006, 6. Auflage 2007)

Wörter waschen – 26 gute Gründe, politischen Begriffen zu misstrauen (NZZ-Buchverlag 2005, Rowohlt-TB 2006)

Deutsch! Das Handbuch für attraktive Texte (Rowohlt 2005, 3. Auflage 2006, Rowohlt-TB 2007)

Glück! Eine etwas andere Gebrauchsanweisung (Rowohlt 2007, 4. Auflage)